हिन्दी ग़ज़ल का संक्षिप्त इतिहास

हिन्दी ग़ज़ल का संक्षिप्त इतिहास

केरल विश्वविद्यालय, केरल के स्नातक स्तर, चतुर्थ वर्ष, प्रथम सेमेस्टर के लिए पाठ्य-पुस्तक

लेखक एवं सम्पादक

वशिष्ठ अनूप

वाणी प्रकाशन

प्रकाशन के उत्कृष्टतम 61 वर्ष

पहला संस्करण : 2024

vaniprakashan.com

वाणी प्रकाशन

4695, 21-ए, दरियागंज, नयी दिल्ली-110 002

फ़ोन : + 91 11 23273167, 23275710

शाखाएँ

अशोक राजपथ, पटना-800 004, बिहार

कॉफ़ी हाउस कैम्पस, महात्मा गांधी मार्ग, प्रयागराज-211 001, उत्तर प्रदेश

महात्मा गांधी अन्तरराष्ट्रीय हिन्दी विश्वविद्यालय, वर्धा-442 001, महाराष्ट्र

sales@vaniprakashan.in

vaniprakashan@gmail.com

Hindi Ghazal Ka Sankshipt Itihas

by Vashishth Anoop

ISBN : 978-93-6287-177-0

मूल्य : ₹ 100

आर. टेक ऑफ़सेट प्रिंटर्स, दिल्ली-110032 में मुद्रित

वाणी प्रकाशन का लोगो मक़बूल फ़िदा हुसेन की कूची से

अनुक्रम

ग़ज़ल की उत्पत्ति और विकास

प्रमुख ग़ज़लकार

सुप्रसिद्ध ग़ज़ल गायक

प्रसिद्ध विदेशी ग़ज़ल गायक

ग़ज़ल की उत्पत्ति और विकास

ग़ज़ल की उत्पत्ति और विकास

ग़ज़ल मूलत: अरबी शब्द है जिसका अर्थ है–औरतों से बातचीत। फ़ारसी में भी इस ग़ज़ल शब्द को 'बाज़नान गुफ़्तगू करदन' यानी स्त्रियों से बातें जैसी उक्ति से व्याख्यायित किया गया।

ग़ज़ल शब्द ग़ज़ाला से बना है। ग़ज़ाला हिरन के बच्चे को कहा जाता है। हिरन का बच्चा जितना सुकोमल और आकर्षक होता है, ग़ज़ल विधा भी उतनी सुकोमल होती है।

ग़ज़ल जो ग़ज़ाला से बनी है, इसका एक अन्य अर्थ भी है। शिकारी जब हिरन के बच्चे का शिकार करते थे। तीर लगने के बाद हिरण के बच्चे का जो क्रन्दन अथवा आर्तनाद प्रकटि होता था, ग़ज़ल में उसी क्रन्दन, आर्तनाद या वेदना को महसूस करना होता है।

ग़ज़ल के ये शाब्दिक अर्थ हैं।

ऐतिहासिक परिप्रेक्ष्य में, ग़ज़ल विधा की व्युत्पत्ति पर ग़ौर करें तो वह अरबी के कसीदे से आयी है। कसीदा, एक ऐसी विधा थी, जिसकी शुरुआत की कुछ पंक्तियों को तशबीब कहा जाता था। तशबीब वस्तुत: श्रृंगारिक अथवा प्रेम कविता का एक रूप था।

तशबीब यानी कसीदे की पूर्व पंक्तियाँ!

और बाद में, यही तशबीब, एक स्वतन्त्र विधा-ग़ज़ल के रूप में सामने आयी।

डॉ. माज़दा असद के अनुसार, "तक़रीबन चौदह सौ वर्ष पहले, अरब के सामन्ती समाज में तत्कालीन बादशाहों और अमीरों की विरुदावली बखान के लिए अवतरित काव्य-रूप, तशबीब या कसीदा से प्रेम और श्रृंगार सम्बन्धी शेरों को निकालकर, एक जगह इकट्ठा कर देने के परिणामस्वरूप ही ग़ज़ल का प्रादुर्भाव हुआ।"

ज़ाहिर है कि अरबी में ग़ज़ल का कोई स्वतन्त्र स्थान नहीं था। लेकिन फ़ारसी साहित्य में आने के बाद ग़ज़ल विधा ने अपना स्वतन्त्र रूप और चरित्र गढ़ लिया था।

डॉ. वज़ीर आगा के अनुसार, "ग़ज़ल के प्रारम्भ के बारे में आम धारणा यह हैं कि उसने अरबी कसीदे के उस प्रारम्भिक भाग से जन्म लिया, जिसे तशबीब नसीब या कौल (कसीदे में शुरू के शेर जिनमें किसी घटना का वर्णन होता है) ग़ज़ल नाम मिला। वे आगे लिखते हैं, "सातवीं सदी हिजरी के शम्सुद्दीन मुहम्मद बिन कैसउर्राज़ी ने पहली बार, तशबीब, नसीब और ग़ज़ल, ऐसे शब्दों के अर्थों को स्पष्ट करते हुए लिखा कि तशबीब में शायर आपबीती की शैली अपनाता है, जब कि नसीब में वह जगबीती की शैली अपनाते हुए, काल्पनिक और परम्परागत प्रेम को अपना विषय बनाता है। ग़ज़ल के बारे में उसने लिखा है कि यह नारियों की कथा और प्रेम-प्रणय का वर्णन है।

यहाँ, ग़ज़ल और नज़्म का अन्तर समझ लेना भी ज़रूरी है।

स्वभाव की दृष्टि से नज़्म, ग़ज़ल-सर्वथा भिन्न है। नज़्म में विवरण होते हैं। एक केन्द्रीय विषय, पूरी नज़्म में निहित रहता है। शायर विषय को विस्तार देते हुए कहीं भी चला जाये, वह अपने मूल आन्तरिक विषय और आन्तरिक लय की ओर लौट आता है।

ग़ज़ल में विचारों का बिखराव होता है। यहाँ विवरण नहीं होते। दो पंक्तियों में एक अदद सोचे गये विषय को व्यक्त करने की कठिन यात्रा होती है। यह दो पंक्तियों का एक शेर, अपने आप में एक कविता जैसा अर्थ और भाव पैदा करने में सफल होता है।

डॉ. रामदास नादार भी ग़ज़ल की उत्पत्ति, तशबीब से मानते है। उनके अनुसार, "उर्दू शायरी, फ़ारसी शायरी का अनुसरण है और फ़ारसी अरबी का। अरबी शायरी में कसीदों (प्रशंसा गीत) की तशबीब (आरम्भ) में, ग़ज़ल भी शामिल थी। कसीदों के आरम्भ में, आशिकाना (प्रेम-परक) विषय भी लिखे जाते थे। इसको ग़ज़ल अथवा तगज़्ज़ुल कहा जाता था। फ़ारसी कवियों ने इस अंश को, ग़ज़ल के नाम से, एक स्थायी काव्य रूप बना दिया।

ग़ज़ल का विकास

वली दकनी (1648-1744) से पूर्व अमीर ख़ुसरो (1252-1325) ने कुछ ग़ज़लें लिखीं। लेकिन उनकी दो ग़ज़लें, ऐतिहासिक दर्जा रखती हैं। अमरी ख़ुसरो एक अज्ञात-सी विधा को ज्ञात-सी विधा बना देते हैं। उन्होंने ग़ज़ल में प्रयोग किये। वो प्रतिभावान और प्रयोगधर्मी, शायर संगीतकार थे। तबला, सितार के अतिरिक्त, क़व्वाली जैसी विधा का भी उन्होंने सृजन किया। हिन्दवी (अथवा खड़ी बोली) में

उन्होंने कुछ रचनाएँ लिखीं। उन अमर रचनाओं के अतिरिक्त, उनका शेष दीवान, 'गुर्रतल कमाल' फ़ारसी में है। उनकी ग़ज़ल के कुछ शेर जिनमें उन्होंने ग़ज़ल के शेर में पहला मिसरा, ब्रज भाषा का, तथा दूसरा फ़ारसी ज़बान का समाहित किया। यह एक कठिन रचना-प्रक्रिया थी। दो भाषाओं के मेल-मिलाप से शेर कहना, (और पूरी, सफल ग़ज़ल कहना) फ़नकारी से कम नहीं है

ग़ौरतलब बात यह भी है कि यहाँ ग़ज़ल का मिज़ाज, भाषागत लोच और शब्द चयन अनुपम है–

जब यार देखा नैन भर दिल की गयी चिन्ता उतर
ऐसे नहीं कोई अजब, राखे उसे समझाए कर
जब आँख से ओझल भया तड़पन लगा मेरा जिया
हक्का इलाही क्या किया, आँसू चले भर लाए कर

अमीर ख़ुसरो की दूसरी ग़ज़ल जो हमेशा चर्चा में रही है और ग़ज़ल के विद्वानों को चकित करती है। ग़ज़ल क्या है, दो भाषाओं का दोआबा है। ग़ज़ल के कुछ शेर–

जे हाले-मिस्कीं मकुन तग़ाफ़ुल दुराए नैना बनाए बतियाँ
के ताबे-हिज्राँ, न दारमे-जाँ, न लेहू काहे लगाये छतियाँ
यहायक अज़दिल, दो चरम जादू, बसद फ़रेबम बबुर्द तस्कीं
किसे पड़ी है के जा सुनावे, पियारे पी को हमारी बतियाँ
ब-हक्के रोज़े-विसाल दिलबर के दाद मारो फ़रेब 'ख़ुसरों'
समीप मन के दराये राखूँ जो जान पाऊँ पिया की खतियाँ

अमीर ख़ुसरो की इन प्रयोगधर्मी ग़ज़ल के बाद, वली दकनी (1648-1744) उर्दू शायरी में आते हैं और अपना मक़ाम क़ायम करते हैं।

ग़ज़ल विधा का शुरुआती दौर जिसमें स्त्री, मुख्य पात्र के रूप में व्यक्त हुई। प्राय: प्रत्येक शेर, स्त्री पात्र के सौन्दर्य तथा प्रेम तक सीमित रहा। लेकिन धीरे-धीरे ग़ज़ल में विषयगत विकास और सरोकारगत विस्तार होता चला गया।

उर्दू ग़ज़ल की सुदीर्घ परम्परा है जो वली दफनी (1648-1744) से होते हुए, कुली कुतुब शाह, मीर तक़ी मीर (1723-1810), ग़ालिब (1797-1849), मोमिन (1809-1852), इकबाल (1873-1938), हसरत मोहानी (1880-1951), जिगर मुरादाबादी (1890-1960), फ़िराक़ गोरखपुरी (1896-1982) तथा फ़ैज़ अहमद, फ़ैज़ (1911-1984) आदि तक निरन्तर विकसित होती चली गयी है।

ग़ौरतलब है कि पहला दीवान, जो उर्दू में प्रकाशित हुआ, वह फ़ोर्ट विलियम कॉलेज (कोलकाता) से मीर तक़ी मीर का था (1811)

ग़ज़ल का सम्बन्ध चूँकि मौखिक परम्परा से रहा है, इसलिए लय, नाद, शब्द चयन, ध्वनि और संगीतात्मकता का विशेष ध्यान रखा जाता था। वे तमाम तत्त्व ग़ज़लों में अब भी मौजूद हैं।

डॉ. वज़ीर आग़ा अपनी ग़ज़ल आलोचना पुस्तक 'उर्दू शायरी का मिज़ाज' में लिखते हैं, "वली से ग़ालिब तक का काल, उर्दू ग़ज़ल के विकास और उत्थान का काल है।

वली दकनी ने तसव्वुफ़ के चिन्तन को, काव्य-रूप में बड़ी ख़ूबसूरती से ढाला है तो उतनी ख़ूबसूरती से मीर तक़ी मीर ने मन की व्याकुलता, करुणा और सूफ़ियाना सादगी के ज़रिये अपनी भिन्न क़िस्म की शैली ईजाद की।

मीर का उस्लूब (शैली) और ग़ालिब का अन्दाज़-ए-बयाँ, उर्दू शायरी के केन्द्र में रहे हैं।

मीर जब कहते हैं–'ये धुआँ-सा कहाँ से उठता है' तो 'धुआँ', अन्तर्मन का कथन बन जाता है।

प्रकृति/सृष्टि के प्रति उनकी चिन्ताएँ कितनी मानवीय हैं, इस शेर से ज्ञात होता है–

ले साँस भी आहिस्ता के नाज़ुक है बहुत काम
आफ़ाक़ की इस कारगहे शीशागरी का

यानी, सृष्टि की संरचना इतनी नाज़ुक है कि वो तेज़ साँस लेने से भी टूट सकती है। यहाँ सृष्टि का सम्मान तो हो ही रहा है, शायरी के कथनगत विकास पर ध्यान दें। यहाँ सीधे-सीधे शायर, पूरे मानव समाज से वार्तालाप कर रहा है। यह जो जुड़ाव है अवाम से, यह बहुमूल्य है। मीर कहते भी हैं–'पर मुझे गुफ़्तगू अवाम से हैं। अवाम से गुफ़्तगू करने वाले शायर मीर की इस शेर में संवेदन लय को महसूस करे...

उसके फ़रोगे-हुस्न से झमके है सब चिराग़
शम्मे हरम हो या कि दीया सोमनाथ का

यह जो नूर, यह जो रोशनी दिखाई देती है वो सब परम सत्ता के फ़रोगे-हुस्न का कमाल है।

ग़ालिब उर्दू शायरी के महान शायर हैं। वो आत्मसम्मान के शायर हैं। 'रोयेंगे हम हज़ार बार, कोई हमें मनाये क्यों', जैसी वेदना ये भरपूर अनुभूति व्यक्त करने

वाला कवि, बड़े तमतराक़ से जब कहता है, "घिसता है जबीं ख़ाक में दरिया मेरे आगे।" तो एक उल्लास और बलबला-सा पैदा होता है।

जानकी प्रसाद शर्मा ग़ालिब के विषय में कहते हैं, "ग़ालिब के भावबोध में तर्क का ज़बरदस्त हस्तक्षेप है।"

दरहक़ीक़त ग़ालिब के यहाँ अनन्त जिज्ञासाएँ हैं और वो हरदम, प्रश्नवाचक की मुद्रा में रहते हैं। वो, तमाम बातों के बावजूद जीवन की अभिलाषाओं के कवि हैं।

कोई दिन गर ज़िन्दगानी और है
हमने अपने जी में ठानी और है

फ़िराक़ गोरखपुरी, मीर और ग़ालिब के अतिरिक्त, सौदा की शायरी को भी एहमियत देते हैं। मोमिन के बाद हसरत मोहानी ऐसे शायर हैं जिन्होंने प्रेम केन्द्रित ग़ज़लें लिखीं, उच्च स्तरीय मुक़ाम हासिल किया। उनकी ग़ज़ल का यह अमर शेर द्रष्टव्य है–

दोपहर की धूप में, मेरे बुलाने के लिए
वो तेरा कोठे पे नंगे पाँव आना याद है

इसमें पुराने समय की यादें हैं जो बिम्बों में उभरती हैं।

डॉ. इक़बाल ने शायरी में अलग स्थान प्राप्त किया है। चिन्तन-मनन और दर्शन उनकी ग़ज़लों के शेरों में यानी ख़ुदा से प्रतिवाद रखते हैं, यथा–

मुझको पैदा करके अपना नुक्ताचीं पैदा किया
नक़्श हूँ अपने मुसव्विर का, गिला रखता हूँ

उर्दू शायरी के विकसित होते परिदृश्य में डॉ. इक़बाल एक दार्शनिक शायर के रूप में नज़र आते हैं। वो कहते हैं–'सितारों से आगे जहाँ और भी हैं।' वो कहते है–'ख़ुदी न बेच, ग़रीबी में नाम पैदा कर।'

इक़बाल अदृश्य शक्ति से मुख़ातिब होकर कहते हैं–

तू है मुहीते-बेकराँ, मैं ज़रा-सी आबे-जू
या मुझको हम किनार कर या मुझको दर किनार कर

तू अनन्त विशाल सागर है और मैं एक क़तरा। अब ये तुझ पर है कि तू मुझे अपनी सत्ता में विलीन कर दे या फिर दरकिनार कर दे।

फ़ैज़, साहिर, मख़दूम प्रगतिशील शायर थे। इनकी रचनाओं में, आवाज़ के प्रति साथीपन और वंचितों के लिए करुणा का भाव जाग्रत होता है–

मक़ाम फ़ैज़ कोई राह में जँचा ही नहीं
जो कूए-यार से निकले तो सू-ए-दार चले

–फ़ैज़

हयात लेके चलो क़ायनात लेके चलो
चलो तो सारे ज़माने को साथ लेके चलो

–मख़दूम मुहिउद्दीन

फ़िराक़ गोरखपुरी उर्दू शायरी की एक ऐसी अज़ीम-तरीन शख़्सियत हैं जिन्होंने ग़ज़ल को भारतीयता प्रदान की तथा ग़ज़ल को अजनबीयत और परायेपन के एहसास से मुक्त कराया।

फ़िराक़ की शायरी में, भावनाओं की पवित्रता, नरमी, मासूमियत और निकटता के रूझान देखे जा सकते हैं।

इन बातों के अतिरिक्त सबसे बड़ी बात यह है कि प्राकृतिक चित्रण और सृष्टि की छवियाँ, महीन बुनत के साथ मौजूद हैं–

शाम भी थी धुआँ-धुआँ, हुस्न भी था उदास-उदास
दिल को कई कहानियाँ याद-सी आके रह गयीं

फ़िराक़ गोरखपुरी अपनी शायरी के विषय में कहते हैं, "इस शायरी में वह निदानात्मक शक्ति (Healing Power), वह नरमी, और ऊर्जा, वह मासूमियत और, ख़ुलूस आ जाये जो हिन्दुस्तान के अदब की जान है।" उनकी ग़ज़ल का यह शेर–

हज़ार बार इधर से ज़माना गुज़रा है
नयी-नयी-सी है कुछ तेरी रहगुज़र फिर भी

ग़ज़ल का विकासक्रम स्पष्ट है और वो निरन्तर रहा है। मीर, ग़ालिब, इक़बाल, फ़ैज़ अहमद फ़ैज़, फ़िराक़ गोरखपुरी, दाग़ देहलवी, सिराज औरंगाबादी, अमीर मीनाई, शाद अज़ीमाबादी, हाली पानीपती जैसे अनेक उच्चकोटि के ग़ज़ल-कवियों ने ग़ज़ल के विकास में महत्त्वपूर्ण योगदान दिया।

रिवायत से जदीदियत का सफ़र एक अनथक, साहित्यिक प्रयास है। शायरों ने अपना निजी मुहावरा (डिक्शन) क्रिएट किया और ग़ज़लें लिखीं

रिवायत (परम्परागत) शायरी में ऐसे शायर थे जो आधुनिकताबोध की ग़ज़लें लिख रहे थे। लेकिन नासिर काज़मी ने उर्दू ग़ज़ल में ऐसी आधुनिकताबोध की ग़ज़लें लिखीं कि ग़ज़ल का स्वरूप ही बदल गया। उन्होंने ऐसे नूतन, नवीन और हैरान

करने वाले बिम्बों की शायरी की है कि सब विस्मित रह गये। उन्होंने आसानतरीन ग़ज़लें लिखकर यह अहसास कराया कि सादगी के साथ भी भावपूर्ण और तसव्वुर पैदा करती ग़ज़लें लिखी जा सकती हैं–

बारिश की तिरछी गलियों में
कोई चिराग़ लिये फिरता था

* * *

हमार घर की दीवारों पे 'नासिर
उदासी बाल खोले सो रही है

* * *

तेरे घर के दरवाज़े पर
सूरज नंगे पाँव खड़ा था

नासिर से उर्दू ग़ज़ल में एक नया बदलाव आता है। उसमें फ़ारसीयत लगभग समाप्त हो जाती है और ग़ज़ल आसान, व्यापक तथा जीवन के अनछुए विषयों तक पहुँचने का प्रयास करती है।

ग़ज़ल कुल मिलाकर ध्यान है और नासिर काज़मी की रचनावली का नाम ही 'ध्यान-यात्रा' है जो कभी सारांश प्रकाशन से प्रकाशित हुई थी।

नासिर काज़मी ने जो आधुनिकता का नया मिज़ाज ग़ज़ल में पैदा किया, उससे ग़ज़ल जैसे काव्य-रूप को नयी दिशा, नयी चेतना और नयी ज़मीन मिली।

इसी सिलसिले में कुछ और महत्त्वपूर्ण शायरों के कुछ शेर प्रस्तुत हैं–

अबके रुत बदली तो ख़ुशबू का सफ़र देखेगा कौन
ज़ख़्म, फूलों की तरह महकेंगे पर देखेगा कौन

–अहमद फ़राज़

तूने कहा न था कि मैं कश्ती पे बोझ हूँ
आँखों को अब न ढाँप, मुझे डूबता भी देख!

–शकेब जलाली

शदीद प्यास थी फिर भी छुआ न पानी को
मैं देखता रहा दरिया तेरी रवानी को

–शहरयार

सच अच्छा पर सच की ज़िलों में ज़हर का है इक प्याला
पागल हो, क्यों नाहक को सुकरात बनो, ख़ामोश रहो

–इब्ने इंशा

(सच की ज़िलों–सच का साथ)

वो टूटते हुए रिश्तों का हुस्ने-आख़िर था
कि चुप-सी लग गई दोनों में बात करते हुए
–बानी (मनचन्दा)

रिवायत और जदीदियत (परम्परा और आधुनिकता) के बीच एक घनिष्ठ रिश्ता बनाते हुए कुछ शायरों ने ग़ज़ल के वाद और सौन्दर्य को हर सूरत बचाये रखा।

जिगर मुरादाबादी के दो शेर इसी सिलसिले में प्रस्तुत हैं–

हमको मिटा सके ये ज़माने में दम नहीं
हमसे ज़माना ख़ुद है, ज़माने से हम नहीं
तथा
गुलशन परस्त हूँ मुझे गुल ही नहीं अज़ीज़
काँटों से भी निबाह किए जा रहा हूँ मैं

मजरूह सुलतानपुरी के दो शेर–

मैं अकेला ही चला था जानिब-ए-मंजिल मगर
लोग साथ आते गये और कारवाँ बनता गया
तथा
देख ज़िन्दाँ से परे, रंग-ए-चमन, जोशे-बहार
रक़्स करता है तो फिर पाँव की ज़ंजीर न देख

मजरूह सुलतान पुरी के अतिरिक्त, कैफ़ी आज़मी और अली सरदार जाफ़री ऐसे इंक़लाबी शायर हैं जिनकी नज़्में भी उतनी ही लोकप्रिय है जितनी कि ग़ज़लें। कैफ़ी आज़मी और मजरूह सुलातनपुरी ने फ़िल्मों में भी अपनी शायरी का योगदान दिया और भरपूर सफलता पायी।

अली सरदार जाफ़री प्रगतिशील शायर थे। उनकी नज़्मों में प्रतिवाद के स्वर गूँजते हैं।

उनकी ग़ज़ल का एक शेर बच्चे की मासूमियत पर है। इंक़लाबी शायर ने किस अन्दाज़ और बिम्ब के ज़रिये शेर कहा है, वह अनुपम है–

मन एक नन्हा-सा बालक है ठुमक ठुमक रह जाये है
दूर से मुख का चाँद दिखा कर कौन इसे ललचाये है।

शेर का ठुमक-ठुमक शब्द नायाब प्रयोग है। शेर में बालक है तो शेर में बालक जैसा मन भी है।

अली सरदार जाफ़री की ग़ज़ल का एक और शेर–

इश्क़ का नग़्मा जुनूँ के साज़ पर गाते हैं हम
अपने ग़म की आँच से पत्थर को पिघलाते हैं हम

कैफ़ी आज़मी अपने आप में एक युग थे। वो प्रगतिशील आन्दोलनों से जुड़े रहे। हमेशा सक्रिय रहे। उन्होंने नज़्में उत्कृष्ट लिखीं। फ़िल्मी गीत बहुत शानदार लिखे। उनकी अनेक ग़ज़लों को अपनी रेशमी आवाज़ में जगजीत सिंह ने गाया–'तुम इतना जो मुस्करा रहो हो। क्या ग़म है जिसको छुपा रहे हो।'

उनकी ग़ज़लों के ये शेर–

ख़ारो-ख़स तो उठें रास्ता तो चले
मैं अगर थक गया क़ाफ़िला तो चले

तथा

शोर यूँ ही न परिन्दों ने मचाया होगा
कोई जंगल की तरफ़ शहर से आया होगा

कृष्ण बिहारी नूर का एक शेर–

मैं एक क़तरा हूँ मेरा अलग वुजूद तो है
हुआ करे जो समन्दर मेरी तलाश में है

राही का एक शेर–

ख़ुदा करे कि तू जागे-उरूज़ पे जाके
किसी को देख सके सीढ़ियाँ उतरते हुए

(नामे-उरूज़-उत्कर्ष)

निस्सन्देह, ग़ज़ल विधा ने हर क़दम पर विकास का नया रास्ता तामीर किया है। बानी जब कहते हैं–'वो टूटते हुए रिश्तों का हुस्ने-आख़िर था', तो वो प्रेम के विखण्डन में भी सौन्दर्य की अनुभूति तलाश करते हुए, अर्थ की गूँज पैदा करता शेर, कहते हैं। उतना सघन, गाढ़ा और प्रबल भावबोध का शेर शहरयार का है जिसमें पात्र, अपनी प्यास भूलकर दरिया की रवानी देखता रहता है।

मेयारी और बड़े शायरों के कुछ शेर, इस दृष्टि से कि उन्होंने अपने मुहावरे, अपने नज़रिये और अपने ग़ज़ल-कथन से, ग़ज़ल को कितना विकसित किया तथा सोच और शऊर के स्तर पर ग़ज़ल को ऊँचाई प्रदान की–

दो और दो का जोड़ हमेशा चार कहाँ होता है
सोच-समझवालों को थोड़ी नादानी दे मौला

तथा

दुख में नीर बहा देते थे सुख में हँसने लगते थे
सीधे सादे लोग थे लेकिन कितने सच्चे लगते थे

–निदा फ़ाज़ली

निदा यथार्थबोध की शायरी रचते हैं तो वहीं बशीर बद्र, कल्पनाशीलता और बिम्बात्मकता से अपनी ग़ज़लों में अभिनव प्रयोग करते हैं। ये शेर–

तुम्हारे शहर के सारे दिये तो सो गये लेकिन
हवा से पूछना, दहलीज़ पे ये कौन जलता है

तथा

शाम तक कितने हाथों से गुज़रूँगा मैं
चायख़ानों में, उर्दू के अख़बार-सा

–बशीर बद्र

ग़ज़ल के विकासक्रम में यह भी जानना ज़रूरी है कि यह विधा, आमजन के कितना क़रीब आयी है तथा अभिव्यक्ति की दृष्टि से शायरों ने कितना संवर्धन किया है। कुछ शेर प्रस्तुत है–

जो प्यासे हो तो अपने पास रक्खो अपने बादल भी
ये दुनिया है, विरासत में कोई कुआँ नहीं देगा

–ज़फ़र गोरखपुरी

मैं सच कहूँगी मगर फिर भी हार जाऊँगी
वो झूठ बोलेगा और लाजवाब कर देगा

–परवानी शाकिर

किसी को घर मिला हिस्से में या कोई दुकाँ आई
मैं घर में सबसे छोटा था मेरे हिस्से में माँ आई

–मुनव्वर राना

एक मुददत से मेरी माँ नहीं सोई ताबिश
मैंने इक बार कहा था मुझे डर लगता है

–फ़ज़ल ताबिश

मेरे ये दिन रात किसानों जैसे हैं
और सफ़र भारत की रेलों जैसा है

–शाहिद भारती

मैं इस ख़्याल से डूबा कि वो बचा लेगा
अब इसके बाद मेरा इम्तेहान क्या लेगा

वसीम बरेलवी

घर में तू भी तो नहीं जो कोई बरतन टूटे
ये जो कमरे में अभी शोर हुआ था, क्या था

–क़ैसर उल-जाफ़री

ग़ज़ल के विकास और व्यापकता का एहसास उपरोक्त कुछ शेरों के अध्ययनों से ही हो जाता है। ग़ज़ल, जो स्त्री पात्र के आसपास की काव्य-रचना थी वो आज के नये समंय में, प्राय: हर सामाजिक राजैतिक और आर्थिक हस्तक्षेप पैदा करने का हुनर रखती है। यहाँ प्रश्नाकुलता है तो वेदना और करुणा का तत्त्व भी मौजूद है। एक विशेष बात यह भी है कि शेर कहने का सिर्फ़ लबो-लहज़ा ही नहीं बदला बल्कि समय, समाज को देखने का दृष्टिकोण भी बदला है। विविधता और व्यापकता के साथ-साथ, समाज के सूक्ष्म अवयवों को समझने की कोशिशें, शायरी में स्पष्ट होती दिखाई देती हैं।

रूमानियत शायरी का अहम पहलू है। उसका अपना आकर्षण है। लेकिन यथार्थ का भेदना भी शायरी में तीक्ष्णता से हुआ है।

यह भी सुखकारी अनुभव है कि ग़ज़ल विधा का विकास केवल उर्दू ग़ज़ल तक सिमटकर नहीं रह गया बल्कि यह विकास का सिलसिला अन्य भाषाओं की ग़ज़लों में भी निरन्तर महसूस होता रहा है।

ग़ज़ल का विकास हिन्दी भाषा में किस रूप में हुआ है, उसे हिन्दी के कुछ महत्त्वपूर्ण कवियों/ग़ज़लकारों के शेरों से परखा जा सकता है।

हिन्दी भाषा में ग़ज़ल का अवतरण उर्दू ग़ज़ल से हुआ है। उर्दू ग़ज़ल का हिन्दी में अवतरण एक साहित्यिक और वैभवपूर्ण घटना इसलिए भी है कि हिन्दी भाषा में ग़ज़ल ने अपना चुनौतीपूर्ण अन्दाज़ पैदा किया है। हिन्दी में ग़ज़ल अकेले नहीं आयी, वो अपने साथ सारे उपकरण भी लेकर आयी है। हिन्दी में ग़ज़ल विमर्शतलब है और जवाबतलब भी।

भारतेन्दु हरिशचन्द्र से पूर्व भी हिन्दी भाषा में ग़ज़लें लिखी जाने लगी थीं लेकिन प्रभाव उर्दू ग़ज़ल का था। भारतेन्दु हरिशचन्द्र 'रसा' ने अपना अन्दाज़ निर्मित किया और बेबाक लहजे में ग़ज़लें लिखीं–

वो अपनी नाथ दयालुता तुम्हें याद हो के न याद हो
वो जो कोल भक्तों से था किया तुम्हें याद हो के न याद हो

उर्दू के प्रसिद्ध शायर मोमिन की एक ग़ज़ल है–वो जो हममें तुममें क़रार था तुम्हें याद हो के न याद हो, भारतेन्दु हरिशचन्द्र ने वही ज़मीन और वहीं रदीफ़ लेकर ग़ज़ल लिखी, लेकिन भाव बदल गया और वो भक्तिभाव हो गया।

निराला ने ग़ज़लें लिखीं और ख़ूब लिखीं। उन्होंने न सिर्फ़ ग़ज़लें लिखीं बल्कि हिन्दी में ग़ज़ल का माहौल भी बनाया। उनकी ग़ज़लों से दो शेर–

किनारा वो हमसे किए जा रहे हैं
दिखाने को दर्शन दिए जा रहे हैं

जमाने की रफ़्तार में कैसा तूफ़ाँ
मरे जा रहे हैं जिए जा रहे हैं

त्रिलोचन शास्त्री की ग़ज़लों से दो शेर–

ये दिल क्या है देखा-दिखाया हुआ है
मगर दर्द कितना समाया हुआ है

मेरा दुख सुना चुप रहे फिर वो बोले-
कि ये राग पहले से गाया हुआ है

शमशेर बहादुर सिंह मूलता: कवि थे। उन्होंने जब ग़ज़लें लिखीं तो ठेठ उर्दू मुहावरों में लिखीं। शमशेर बहादुर सिंह की ग़ज़लें पढ़ते हुए यह अहसास भी शिद्दत से होता है जैसे वो दुष्यन्त के लिए ज़मीन तैयार कर रहे थे। उनकी ग़ज़ल की एक किताब 'सुकून की तलाश' वाणी प्रकाशन से प्रकाशित हुई। वो सम्पूर्ण कवि/शायर थे। लेकिन एक समय ऐसा आया जब उन्हें ग़ज़ल उलझनवाली विधा प्रतीत हुई और वो पुन: कविताएँ लिखने लगे।

शमशेर बहादुर सिंह की ग़ज़लों से दो शेर–

वहीं उम्र का एक पल कोई लाए
तड़पती हुई-सी ग़ज़ल कोई लाए

हक़ीक़त को लाए तख़ैयुल से बाहर
मेरी मुश्किलों का जो हल कोई लाये

दुष्यन्त ने न सिर्फ ग़ज़लें लिखीं बल्कि हिन्दी भाषा में ग़ज़ल के दर भी खोले। उन्होनें प्रतिवाद, तल्ख़ी, करुणा, देख और संघर्ष जैसे तत्त्वों के मिलाप से जो भावबोध पैदा किया वो हिन्दी ग़ज़ल का मिज़ाज बन गया।

दुष्यन्त की ग़ज़लों के दो शेर–

जिएँ तो अपने बगीचे में गुलमोहर के तले
मरें तो ग़ैर की गलियों में गुलमोहर के लिए

तथा

कैसे आकाश में सूराख़ नहीं हो सकता
एक पत्थर तो तबीयत से उछालो लोगो

अदम गोंडवी की ग़ज़ल के दो शेर–

आप कहते हैं सरापा गुलमोहर है ज़िन्दगी
हम ग़रीबों की नज़र में इक कहर है ज़िन्दगी

तथा

मुझको नज़्मो-ज़ब्त की तालीम देना बाद में
पहले अपनी रहबरी को आचरण तक ले चलो

हिन्दी में गीत-ग़ज़ल लिखने वाले नीरज (1925-2018) सर्वधा लोकप्रिय हैं। उन्होंने आरम्भ में गीत लिखे तो गीतों के ज़रिये, उच्चतम स्थान, काव्य क्षेत्र में अर्पित किया। 'कारवाँ गुज़र गया, गुबार देखते रहे', जैसे गीत लिखने वाले गोपाल दास नीरज जब ग़ज़ल की दुनिया में प्रविष्ठ हुए तो वहाँ भी अपनी धमक क़ायम की।

उनकी ग़ज़लों से दो शेर–

तमाम उम्र मैं इक अजनबी के घर में रहा
सफ़र न करते हुए भी किसी सफ़र में रहा

तथा

अबके सावन में शरारत ये मेरे साथ हुई
मेरा घर छोड़ के कुल शहर में बरसात हुई

वो ग़ज़ल लेखक जिन्होंने पहले गीत लिखे, फिर ग़ज़ल विधा को अपना रचना क्षेत्र बनाया, उनकी ग़ज़लों में अलिखित गीत का भाव भी किसी न किसी रूप में गूँजता रहा। कुमार शिव और कुँवर बेचैन की ग़ज़लों में यही बात महसूस होती है।

कुमार शिव लम्बी बहर की ग़ज़ल को कितना यथार्थपरक, सन्तुलित और अर्थवान बनाया है, इन दो शेरों से ज्ञात होता है–

सूर्य को अब किसी की ज़रूरत नहीं जुगनुओं को अँधेरे में पाला गया
फ़्यूज़ बल्बों के अद्‌भुत समारोह में, रोशनी को शहर से निकाला गया

जाने किस शाप से लोग पत्थर हुए, एक ही मुँह से आवाज़ बाक़ी नहीं
बाँध कर कौन आँखों पे पटटी गया, डालकर कौन आँखों पे ताला गया।

कुँअर बेचैन (1942-2021) की ग़ज़लों से दो शेर–

मौत तो आनी है तो फिर मौत का क्यूँ डर रखूँ
ज़िन्दगी आ, तेरे क़दमों पर मैं अपना सर रखूँ

तथा

सुनो, अब यूँ ही चलने दो न कोई शर्त बाँधो
मुझे गिर कर सम्भलने दो, न कोई शर्त बाँधो

ग़ज़ल के विकास-क्रम में हिन्दी ग़ज़लकारों के कुछ और शेर–

ऐसी काई है अब मकानों पर
धूप के पाँव भी फिसलते हैं
हम तो सूरज हैं सर्द गुल्कों के
मूड आता है तब निकलते हैं

–सूर्यभानु गुप्त

आई चिड़िया तो मैंने ये जाना
मेरे कमरे में आसमान भी है

तथा

सुबह की टहनियाँ हिला के गया
सुबह का इक शरारती बच्चा

–हरजीत सिंह

कल जो कहते थे बदल देंगे रविश आँधी की
आज घुटनों में छुपाए हैं वही सर अपने

–सुल्तान अहमद

सफ़र में दर्दभरी दास्तान रख दूँगा
मैं पत्थरों पे लहू के निशान रख दूँगा

तथा

ग़ज़लें कहने वालो तुमको इतना तो एहसास रहे
बढ़ते पानी पर जीवन की शक्ल बनानी पड़ती है

–माधव कौशिक

ग़ज़ल की उत्पत्ति और ग़ज़ल का विकास, चकित कर देनेवाला परिदृश्य है। अनेक-अनेक शायर/कवि/ग़ज़ल लेखक ग़ज़लें लिख रहे हैं। सभी का एक ही मक़सद है कि ग़ज़ल के विकास में उनका भी कुछ योगदान हो।

ग़ज़ल की प्रकृति

ग़ज़ल एक पेचीदा बल्कि विचित्र विधा है। कुछ ऐसी विचित्र कि इसका शिल्प, कथ्य को ठोसपन और लोच, दोनों प्रदान करता है। यह विरोधाभास ही, दरहक़ीक़त, ग़ज़ल की शक्ति है।

मानवतावाद ग़ज़ल की प्रकृति में ही निहित है। ग़ज़ल जैसी सिन्फ़ (विधा) मानव समाज के बीच, एक सूत्र का कार्य करती प्रतीत होती है। ग़ज़ल में वैमनस्य का कोई स्थान नहीं। मुँहफट लहजा और व्यर्थ की आक्रमकता भी ग़ज़ल की प्रकृति से मेल नहीं खाती।

ग़ज़ल वो सिन्फ़ है जिसमें शायर बड़े यक़ीन से कहता है–"मेरा पैग़ाम-ए-मुहब्बत है जहाँ तक तक पहुँचे।" (जिगर मुरादाबादी) ग़ज़ल वो सिन्फ़ है जिसमें उपदेश नहीं दिये जाते। लेकिन दोस्ताना लबो-लहजे में सलाह तो दी जाती है। 'ख़ुदी न बेच ग़रीबी में नाम पैदा कर।' (इक़बाल)

ग़ज़ल के शेरों में प्रेम, करुणा, समर्पण, वेदना, तन्हाई, बिछोह के भाव बड़ी मार्मिकता से व्यक्त किये जाते रहे हैं। ग़ज़ल में किसी की आलोचना भी की जाती है तो संकेतों में, और तहदारी के साथ। तभी तो दुष्यन्त कहते हैं, 'मत कहो आकाश में कोहरा घना है, यह किसी की व्यक्तिगत आलोचना है।"

ग़ज़ल उर्दू शायरी का महत्त्वपूर्ण काव्य-रूप है। शायरी का दूसरा अर्थ एक तरह से ग़ज़ल ही समझ लिया गया है। उर्दू शायरी के प्रसिद्ध आलोचक डॉ. आले अहमद सरूर, ग़ज़ल को उर्दू का सबसे अधिक लोकप्रिय काव्य-रूप स्वीकार करते हैं।

ग़ज़ल की प्रकृति क्या है, इसके उत्तर में कहा जाता रहा है कि वह गूढ़ तथा सूक्ष्म विषय को, कम से कम शब्दों में, काव्यात्मकता तथा प्रतीकात्मकता से विषय को व्यक्त करने का सामर्थ्य रखती है।

ग़ज़ल हमेशा सहअस्तित्व जैसे उच्चतर जीवन-मूल्यों की पक्षधर रही है। इतना ही नहीं, ग़ज़ल की ऐसी प्रकृति है जिसमें विषयगत विविधता और व्यापकता की सम्भावना सदा बनी रहती है। तत्त्वज्ञान, मनोवैज्ञानिक सूक्ष्मताएँ, तसव्वुफ़ तथा आध्यात्मिकता जैसे तत्त्व भी ग़ज़ल को वैभव प्रदान करने में सफल रहे हैं।

यथार्थ और कल्पनाशीलता के मेल से शायरों/कवियों ने जीवन के विभिन्न पहलुओं को ग़ज़ल में व्यक्त किया है।

डॉ. वज़ीर आग़ा ने अपनी आलोचना पुस्तक 'उर्दू ग़ज़ल का मिज़ाज' में, इस ग़ज़ल विधा को गीत पर आधारित बताया है। उनके अनुसार, "अपने स्वभाव की दृष्टि से ग़ज़ल, गीत पर ही आधारित है, इसलिए इसमें गीत का विशुद्ध, भावनात्मक पर्यावरण निश्चित रूप से विद्यमान रहता है।"

ग़ज़ल की प्रकृति पर बात करते हुए हम यह भी कह सकते हैं कि ग़ज़ल में, भावना और कल्पना के मिश्रण का बड़ा सम्बन्ध है।

ग़ज़ल लिखित काव्य-विधा है। ग़ज़ल का प्रत्येक शेर, एक ऐसा अंश है जो ग़ज़ल का भाग होने के बावजूद, इससे भिन्न भी है। हर शेर अपना अलग विचार, अलग विषय और अलग अस्तित्व रखता है, लेकिन ग़ज़ल के सूत्र में बँधा भी रहता है।

ग़ज़ल में इस विषयगत भिन्न पर फ़िराक़ गोरखपुरी बहुत सुन्दर बात कहते हैं–'ग्लेक्सी ऑफ़ थाट्स' ; यानी ग़ज़ल में विचारों की आकाश गंगा होती है।

ग़ज़ल में विषयगत विस्तार होता है और विषय भी भिन्न-भिन्न जीवन-क्षेत्रों के हो सकते हैं, लेकिन संक्षिप्रता और तासीर पैदा करते शेरों की अभिव्यक्ति अनिवार्य होती है।

ग़ज़ल में नज़्म की तरह विषयगत विस्तार और विवरण नहीं होते। ग़ज़ल में चुटीलापन तो हो सकता है लेकिन सपाटबयानी से शायर परहेज़ बरतते हैं। ग़ज़ल में सादाबयानी तो हो सकती है और होती भी है, लेकिन शेर एकरेखीय नहीं होते। ग़ज़ल में इसलिए, हद दर्जे का अन्तर्वेक्षण मिलता है।

ग़ज़ल की प्रकृति ऐसी है कि यहाँ ख़्याल की बुलन्दी, फ़िक्र की बारीकी और अभिव्यक्ति की तहदारी को ज़रूरी समझा जाता है।

ग़ज़ल की प्रकृति ऐसी है कि यहाँ फ़क्कड़पन तो चल सकता है, फूहड़ता बिल्कुल नहीं।

ग़ज़ल का हर शेर अपनी दुनिया तामीर करता है और वो दुनिया, जिसमें ऐसा जादू होता है कि एक शेर की दुनिया, विभिन्न अवसरों पर गूँज पैदा करती है।

ग़ज़ल की प्रकृति में एक बात भी अनिवार्य है कि इसमें जितने भी शेर हों, वो अर्थवान हों यानी शेर में कोई न कोई बात हो और वह असरकारक भी हो।

जिन शेरों में कुछ घटित हुआ-सा महसूस होता है और कोई घटना-सी घटती है और घटना रूपक या बिम्ब में बदल जाती है, वो न सिर्फ़ तासीर पैदा करते हैं बल्कि 'याद' भी रह जाते हैं। दुष्यन्त के इस शेर में कुछ घटित होता-सा लगता हैं–

तू किसी रेल-सी गुज़रती है
मैं किसी पुल-सा थरथराता हूँ

कम शब्दों में कवि ने एक बिम्ब-सा रच दिया है। पाठक-श्रोता के मन में, पुल का थरथराना और रेल का गुज़रना याद रह जाता है।

इसी तरह नासिर काज़मी का यह शेर–

बारिश की तिरछी गलियों में
कोई चिराग़ लिए फिरता था

बारिश की तिरछी गलियाँ–यह नया प्रयोग है। बिम्ब किस अन्दाज़ में उभरता है–चिराग़ लेके, बारिश की तिरछी गलियों में, कोई पात्र, किसी को ढूँढ़ने निकलता है। शायर ने जैसे दो छोटी-सी पंक्तियों में, एक कहानी-सी रच दी हो।

एक शेर आज़ाद गुलाटी का है। विचार को शेर में किस अनूठे रूप से उन्होंने व्यक्त किया है, वह बेमिसाल है–

तुम फ़सीले-शब्द को छू-छूकर यूँ ही चलते रहो
हाथ जब दीवार पर होंगे तो दर भी आयेगा

शायर आवाम से मुख़ातिब है। उम्मीद और ढाढ पैदा कर रहा है। अवाम अँधेरे में हैं। शायर कह रहा है कि तुम रात रूपी दीवार को छूकर आगे बढ़ते रहो। अभी अँधेरे की दीवार है बेशक! लेकिन कहीं न कहीं दर भी ज़रूर आयेगा।

यही ग़ज़ल की प्रकृति है, जो कहा जाता है वो अपनी अर्थ की गूँज के साथ समाप्त होता है।

हर विधा का अपना चरित्र होता है। अपनी प्रकृति होती है। गीत, दोहे, नज़्म का अपना चरित्र है और ग़ज़ल का अपना।

ग़ज़ल की प्रकृति अथवा चरित्र भंग हो जाये तो शेर बेशक हो जाये लेकिन वो तासीर पैदा नहीं करता।

ग़ज़ल की प्रकृति एक तरह से ग़ज़ल का स्वभाव भी है और ग़ज़ल का मिज़ाज भी।

ग़ज़ल की प्रकृति अथवा स्वभाव अथवा चरित्र अथवा मिज़ाज–एक अदृश्य और न दिखाई देनेवाली शक्ति और संचेतना का नाम है। ग़ज़ल की प्रकृति अथवा चरित्र आहत तो ग़ज़ल आहत!

वरिष्ठ शायर और ग़ज़ल लेखक इन बातों को ख़ूब समझते हैं और उन्होंने अपनी ग़ज़लों में तासीर पैदा करते शेर कहे हैं।

कृष्णानन्द चौबे वरिष्ठ ग़ज़लकार थे। वो अब नहीं रहे लेकिन ग़ज़ल की आन-बान-शान को बरक़रार रखते हुए उन्होंने सशक्त ग़ज़लें लिखीं। ग़ज़ल का मिज़ाज जो अदृश्य होता है, उसकी कैसे पैरवी की जाती है, उनके इन दो शेरों से ज्ञात होता है–

क्यों किसी से माँगते और क्या किसीसे माँगते
एक दो से माँगते तो फिर सभी से माँगते

आपने माँगी तो माँगी तृप्ति अपनी प्यास की
हम तो अपनी प्यास ही, वापिस नदी से माँगते

–कृष्णानन्द चौबे

ग़ज़ल की प्रकृति को सरल अन्दाज़ में यूँ समझा जाये, जहाँ शायरी और मौसीकी (संगीत) की हदें मिल-सी जायें।

ग़ज़ल की प्रकृति क्या है, वह यह है कि, काफ़िया, रदीफ़, बहर और दो मिसरों तक सीमित नहीं रहती। वो विस्तार की माँग करती है। आन्तरिकता, लोच, रवानी, सूक्ष्मता, एकाग्रता और शेर के अन्त में एक अचानकपन-सा निर्मित हो।

इसी अहसास की बुलन्दी, ग़ज़ल प्रकृति की सम्भावना और ग़ज़ल मिज़ाज का होना है। उदाहरणस्वरूप कुछ शेर प्रस्तुत हैं–

किसी को वक़्त का अन्दाज़ तक नहीं लेकिन
ये शहर हाथ की घड़ियों के साथ मिलता है

–हरजीत सिंह

जाने क्या कुछ कर बैठा है
बहुत दिनों से घर बैठा है

–विज्ञान व्रत

सफ़र है, दर्द है छूटा हुआ मकान भी है
मुसाफ़िरों के मुक़द्दर में अब थकान भी है

–माधव कौशिक

ये चन्द ख़्वाब निगाहों में जो हमारे हैं
कठिन बहुत हैं मगर जान से भी प्यारे हैं

–सुल्तान अहमद

ग़ज़ल की प्रकृति जैसे तत्त्व तक पहुँचने के लिए यह बात ज़रूरी होती है कि वो ग़ज़लें लिखी जायें जिनमें तगज़्ज़ुल हो और तासीर पैदा करें। शेर इतने महीन हों कि वो चेतना को स्पर्श करें।

ग़ज़ल कहना कठिन नहीं है लेकिन ग़ज़ल की प्रकृति के अनुसार शेर कहना चुनौतीपूर्ण यात्रा है।

शब्दों की लय, भाषा की लोच, विचार की एकाग्रता, अनुभवों की गहराई और सबसे बढ़कर ग़ज़ल जैसी जटिल सिन्फ़ का अध्ययन बहुत आवश्यक होता है

शेर कहते हुए यान्त्रिकता, स्थूलता और एकजैसापन, सपाटबयानी से मुक्ति भी ज़रूरी होती है।

ग़ज़ल की बहर और शब्द-चयन और विषय की समझ भी लाज़मी होते हैं ग़ज़ल की प्रकृति के लिए।

ग़ज़ल के प्रकार

ग़ज़ल जैसी विधा की अनेक विशेषताएँ और जटिलताएँ हैं। शायरों ने ग़ज़ल की जटिलताओं को भी उसके आवश्यक तत्त्व और सौन्दर्य में बदल दिया। ग़ज़ल की तमाम बारीकियों से भिज्ञ होने के बाद शायरों/कवियों ने ग़ज़लें लिखीं।

ग़ज़ल एक गतिशील विधा है। चार सौ वर्षों के इस काव्य-रूप में कभी शिथिलता नहीं आयी। वह इसलिए भी सम्भव हो पाया कि इस विधा में हद दर्जे का अन्तर्वेक्षण, आत्मनिरीक्षण और प्रयोग करने की छूट रही है।

इसी प्रयोगधर्मिता की सम्भावना के रहते शायरों ने कई रंग, कई रूप और कई प्रकार से ग़ज़लें लिखीं।

ग़ज़ल के प्रकार का अर्थ किसी नयी विधा की खोज नहीं है, बल्कि ग़ज़ल विधा के शिल्प में रहकर कुछ नया रचने की कोशिश रही है।

एक ज़रूरी जानकारी यह भी है कि ग़ज़ल का शिल्प जो चार सौ वर्षों से था, वहीं शिल्प अब भी है। उसमें अतिक्रमण करने का अर्थ है ग़ज़ल के मूल ढाँचे से छेड़छाड़। ग़ज़ल के शिल्प में अतिक्रम से ग़ज़ल में अराजकता का माहौल पैदा हो जायेगा।

ज़रूरी जानकारी यह भी है कि सारे प्रयोग, शैलीगत हुए हैं। शिल्पगत नहीं।

ग़ज़ल के प्रकार, यानी ग़ज़ल को किस-किस ढँग से लिखा जा सकता है।

ग़ज़ल के प्रकार जानने से पूर्व यह बात भी जान लेना ज़रूरी होता है कि प्रत्येक ग़ज़ल एक निश्चित बहर में होती है। इसे आप मीटर भी कह सकते हैं। जिस बहर में शेर कहते हैं, उसी बहर का पालन करना अनिवार्य होता है।

ग़ज़ल में बहर के अतिरिक्त, काफ़िया (तुक का मिलना), रदीफ़ होता है। लय, स्पन्दन, विषय की अभिव्यक्ति, शेर में थॉट प्रोसेसिंग, वह सब होते हैं। इस तरह ग़ज़ल होती है।

ग़ज़ल में मक़्ता होता है
शेर होता हैं फिर मक़्ता होता है

ग़ज़ल का पहला शेर जहाँ दोनों मिसरों की तुक (काफ़िया) एक जैसा होता है, उसे मतला कहते हैं। मतला यानी उदय! यानी, ग़ज़ल का उदय।

ग़ालिब के एक शेर से बात स्पष्ट करते हैं–

दिले-नादाँ तुझे हुआ क्या है
आख़िर इस दर्द की दवा क्या है

ग़ालिब की ग़ज़ल का यह शेर मतला के रूप में जाना जायेगा। यहाँ दोनों काफ़िये हुआ और दवा तुकान्त हैं।

इसके बाद ग़ज़ल के शेर होते हैं।

'रदीफ़', काफ़िये के बाद आता है। रदीफ़ की उपयोगिता काफ़िये जैसी नहीं होती। इसके बावजूद, ग़ज़ल का अंश होता है। रदीफ़-यानी पीछे चलने वाला।

रदीफ़ भी कई बार इतने शक्तिशाली होते हैं कि पूरी ग़ज़ल, उनके गिर्द घूमती है और रदीफ़ ही ग़ज़ल का केन्द्रीय विषय बन जाते हैं।

सूर्यभानु गुप्त की ग़ज़ल के ये शेर–

आँखों में पड़े छाले, छालों से बहा पानी
इस दौर के सहरा में, ढूँढ़े न मिला पानी

हर लफ़्ज़ का मानी से रिश्ता है बहुत गहरा
हमने तो लिखा बादल पर उसने पढ़ा पानी

हर एक सिकन्दर का अंजाम यही देखा
मिटटी से मिली मिटटी, पानी में मिला पानी

सूर्यभानु की इस ग़ज़ल का रदीफ़ 'पानी' है और पूरी ग़ज़ल पानी की प्रबल भावना को व्यक्त करने में सफल होती है।

ग़ज़ल, बहर, काफ़िया, रदीफ़ की जानकारी के बाद ग़ज़ल के प्रकार पर चर्चा अपेक्षित है।

ग़ज़ल के प्रकार

सरसरी तौर से देखें तो सभी ग़ज़लें एक जैसी प्रतीत होती हैं। लेकिन ऐसा है नहीं। ग़ज़ल के कई प्रकार होते हैं।

सम्पूर्ण ग़ज़ल

मतले के साथ आरम्भ होकर मक़्ते पर समाप्त होने वाली ग़ज़ल को सम्पूर्ण ग़ज़ल कहते हैं। मतला और मक़्तक़ के बीच ग़ज़ल के शेर होते हैं।

मतले से लेकर मक़्ते तक पाँच, सात, नौ या ग्यारह शेर हो सकते हैं। इससे ज़्यादा भी हो सकते हैं। लेकिन कुल तीन शेर की ग़ज़ल को सम्पूर्ण ग़ज़ल नहीं कहा जाता।

बे-मतला ग़ज़ल

ग़ज़ल जिसमें ग़ज़ल की तमाम बातें पढ़कर सुनाते हैं तो वो एक तरह 'पद्' बन जाता है। चार पंक्तियों का मुक्तक बन जाता है।

ग़ज़ल में इस तरह की अभिव्यक्ति कई बार सहज रूप से हो जाती है तो कई बार शायर/कवि, प्रयास के साथ ऐसे शेर कहते हैं कि वो मुक़्तक (चार पंक्तियाँ) बन जाये।

शृंखलित ग़ज़ल (मुसलसल ग़ज़ल)

मतले से मक़्ते तक, एक ही विषय पर केन्द्रित शेर होते रहें तो उसे मुसलसल ग़ज़ल कहते हैं। चूकि ग़ज़ल के शेर, विभिन्न विषयों पर केन्द्रित होते हैं और इसे ग्लैक्सी ऑफ़ थॉट्स कहा जाता है। लेकिन कई बार ग़ज़लें एक ही विषय केन्द्रित होती हैं और सभी शेरों में उसी विषय का भाव व्यक्त होता रहता है।

उर्दू के प्रसिद्ध शायर हाली पानीपती ने मुसलसल ग़ज़लें लिखीं, लेकिन उनका यह प्रयोग सफल न हो सका। क्योंकि ग़ज़ल होने के बावजूद वो नज़्म ही होती थी।

आज़ाद ग़ज़लें

एक वो दौर था जब अकविता, अकहानी लिखी जाने लगी थीं। कृष्णबलदेव वैद्य ने 'कला कोलाज़' उपन्यास लिखा और कहा कि यह अन-उपन्यास है।

विधागत जो बन्दिशें होती हैं, उनसे अधिक छूट लेने की कोशिशें की गयीं।

पाकिस्तान तथा हिन्दुस्तान के कुछ शायरों ने मिलकर, आज़ाद ग़ज़लों का आन्दोलन चलाया। इसमें न बहर की परवाह थी न क़ाफ़िये की। एक मिसरा किसी बहर का तो दूसरा अन्य बहर का। ऐसी आज़ाद ग़ज़लों में विचार और कथन पर फ़ोकस किया जाता था। लेकिन आज़ाद ग़ज़ल का प्रयोग असफल सिद्ध हुआ।

आधुनिक उर्दू के प्रसिद्ध शायर 'बानी' मनचन्दा की ग़ज़ल के ज़रिये मतला, मक़्ता और शेर क्या हैं–इन्हे स्पष्ट करते हैं–

सरसब्ज़ मौसमों का नशा भी मेरे लिए — *मतला*
तलवार की तरह है हवा भी मेरे लिए

शामिल हूँ काफ़िलों में मगर सर में धुन्ध है — *शेर*
शायद है कोई राह जुदा भी मेरे लिए

मैं ख़ुश हुआ हूँ मुज़्दा सफ़र का मिला मुझे — *शेर*
फैला हुआ है दश्ते-सज़ा भी मेरे लिए

देखूँ मैं आईना तो धुआँ फैल-फैल जाए — *शेर*
बोलूँ तो अजनबी है सदा भी मेरे लिए

'बानी' अजब तरहसे खिली ख़ुशमुक़द्दरी — *मक़्ता*
बर्गे-शफ़क है बर्गे-हिना भी मेरे लिए

मुज़्दा-शुभ सूचना : ख़ुशमुक़द्दरी—भाग्यशीलता।

उपरोक्त ग़ज़ल में जो पहला शेर है, वह मतला है; तीन अन्य शेर हैं, वो साधारण शेर हैं; और अन्त में जिस शेर में शायर ने अपना तख़ल्लुस 'बानी' का प्रयोग किया है, वो मक़्ता है।

शीर्षक

ध्यान देने योग्य बात यह भी है कि नज़्मों/कविताओं के शीर्षक होते हैं। ग़ज़ल का शीर्षक नहीं होता। ग़ज़ल में, बहुत सारे विषय, बहुत सारे विचार निहित होते हैं, इसलिए ग़ज़ल का शीर्षक नहीं होता।

ग़ज़ल की भाषा

ग़ज़ल की कौन सी भाषा हो, यह प्रश्न अक्सर उठता रहा है और इस प्रश्न का माक़ूल उत्तर भी शायर और विद्वान देते रहे हैं।

निदा फ़ाज़ली के अनुसार, "आज की ग़ज़ल में वही भाषा उपयोग में लायी जा रही है, जो कहानी की भाषा है यानी आम बोलचाल की भाषा। साहित्य वही ज़िन्दा रहता है, जो जनभाषा में है।"

हिन्दी भाषा में ग़ज़ल का अवतरण उर्दू ग़ज़ल से हुआ है। हिन्दी ग़ज़ल ने शिल्प, बहरें, काफ़िया, रदीफ़ उर्दू से ग्रहण किये हैं। ग़ज़ल का मिज़ाज, तगज़्ज़ुल और उर्दू ज़बान भी, किसी न किसी रूप में हिन्दी ग़ज़ल में शामिल हो चुकी हैं। इस बात का सबसे श्रेष्ठ उदाहरण, दुष्यन्त की ग़ज़लें हैं। दुष्यन्त के लिए भाषा का कोई मसला था ही नहीं। उन्होंने ग़ज़लों में स्वाभाविक रूप से हिन्दी उर्दू शब्दों का प्रयोग किया। मिज़ाज और तगज़्ज़ुल उर्दू का। मुहावरा हिन्दी का। यह नया प्रयोग था। यह नया मुहावरा था। यह नयी ग़ज़ल शैली थी जो बेहद सफ़ल हुई।

अपनी पुस्तक 'साये में धूप' की भूमिका लिखते हुए उन्होंने कहा भी था–"उर्दू और हिन्दी, अपने-अपने सिंहासनों से उतरकर जब आम आदमी के पास आती हैं तो उनमें फ़र्क़ कर पाना बड़ा मुश्किल होता है। मेरी नीयत और कोशिश यह रही है कि इन दोनों भाषाओं को ज़्यादा क़रीब ला सकूँ। इसलिए ये ग़ज़लें उस भाषा में कही गयी है, जिसे मैं बोलता हूँ।"

उनकी ग़ज़ल का एक शेर–

मसलहत आमेज़ होते हैं सियासत के क़दम
तू नहीं समझेगा सियासत तू अभी नादान है

मस्लहत आमेज़ जैसे शब्द की आमद हिन्दी में पहली बार हुई और इस लफ़्ज़ ने ख़ूब हरारत पैदा की। अजनबी-सा प्रतीत होने वाला शब्द, शेर के भीतर अपनी

लय के साथ जज़्ब होता है, और इतनी ताक़त से होता है कि शब्द ठेठ उर्दू का होते हुए भी अवाम का शब्द हो जाता है।

हिन्दी ग़ज़ल की भाषा, अन्ततः शुद्ध हिन्दी नहीं, हिन्दुस्तानी ज़बान होगी, यह तय है।

भाषा की बाबत बशीर बद्र के विचार भी गौरतलब हैं, ग़ज़ल की ज़बान के लिए ये समझना चाहिए कि आज जिस लफ़्ज़ को पढ़े-लिखे लोग, अपनी गुफ़्तगू में रखते हैं, उसके गफ़लियत हुस्न से, ग़ज़ल का शेर कहा जा सकता है। इस चार सौ साल के तजुर्बे से ये साबित हो जाता है कि वही शब्द ज़िन्दा रहते हैं जो पूरे मुल्क में चलते फिरते हैं। और जो लफ़्ज़ सिर्फ़ मज़हबी (धार्मिक) हल्कों में ज़िन्दा रहते हैं, वो ग़ज़ल की दुनिया में ज़िन्दा नहीं माने जा सकते। इसलिए सैकड़ों बरस पुराने लफ़्ज़, जो बच्चों की तरह चल फ़िर रहे हैं, वो भी ग़ज़ल में शामिल हैं। ग़ज़ल ज़िन्दगी का नग़्मा है और ग़ज़ल में, संस्कृत, फ़ारसी और अरबी के भारी-भरकम शब्दों का आदर तो किया जा सकता है, लेकिन उनसे गुफ़्तगू नहीं की जा सकती। ग़ज़ल की ज़बान सिर्फ़ बोलचाल की जबान है। ('साहित्य सागर' ग़ज़ल अंक-अप्रैल–2002)

यहाँ भी ग़ज़ल की, भाषा आम बोल-चाल की भाषा है। यहाँ भी न फ़ारसीनिष्ठ शब्दों की पैरवी है न संस्कृतनिष्ठ शब्दों की। बशीर बद्र ने बड़ी पत्ते की बात कही है कि वही शब्द ज़िन्दा रहते हैं जो पूरे मुल्क में चलते-फिरते रहते हैं। यानी वो भाषा जिनसे हम रोज़मर्रा की बातें करते हैं और आपस में संवाद करते हैं। उनकी ग़ज़ल के दो शेर इस बात के उदाहरणस्वरूप कि उनकी कैसी ग़ज़ल-भाषा रही है और उन्होंने ग़ज़ल-कथन को कितनी सरलता से व्यक्त किया है–

दुश्मनी जमकर करो लेकिन ये गुंजाइश रहे
जब कभी हम दोस्त बन जाएँ तो शर्मिन्दा न हों

तथा

लोग टूट जाते हैं एक घर बनानचे में
तुम तरस नहीं खाते बस्तियाँ जलाने में

निदा फ़ाज़ली तो भाषा के प्रति और भी अधिक स्पष्ट विचार रखते हैं। वे पढ़ते हैं, मेरी नज़र में उर्दू और हिन्दी ग़ज़ल में कोई अन्तर नहीं है। यहाँ तक कि पाकिस्तान और हिन्दुस्तान, दोनों मुल्क़ों में, एक ही भाषा में ग़ज़ल लिखी जा रही हैं। अन्तर सिर्फ़ लिपि का है। पण्डिताऊ भाषा का अब कोई स्थान नहीं है। एक विशेष वर्ग की भाषा होती है, एक जन की "भाषा साहित्य वही ज़िन्दा रहता है जो जनभाषा में हो।" ('आधारशिला', ग़ज़ल विशेषांक अंक–44)

वास्तविकता यह है कि ग़ज़ल को फ़ारसीयत से मुक्त कराने में नासिर काज़मी का बड़ा योगदान है। उन्होंने जो लिखा सरलतम लिखा, लेकिन गहराई के साथ प्रतीकात्मक लिखा। उन्होंने बड़ी बहरों में ग़ज़लें लिखीं लेकिन छोटी बहर की ग़ज़लों में उनकी बिम्ब रचने की शैली ने अपना युग निर्मित किया। कुछ शेर–

दाता की नगरी में 'नासिर'
मैं जागूँ या दाता जागे

तथा

तेरे ध्यान की कश्ती लेकर
मैंने दरिया पार किया था

इसी जनमानस की भाषा की ताईद, प्रसिद्ध उपन्यासकार, कहानीकार, कमलेश्वर भी करते हैं, "मेरा निवेदन सिर्फ़ इतना है कि हिन्दी ग़ज़ल को, इस विराट और व्यापक परम्परा से अलग मत कीजिए। हिन्दी ग़ज़ल है। यह दुष्यन्त के कारण है। पर दुष्यन्त ने उसे मात्र, हिन्दी भाषा के काव्य-रूप में नहीं अपनाया था। बल्कि जो भाषा उसे आती थी, उसे सदियों के दुख, सन्ताप को समर्पित करके, उसने एक वैचारिक ज्वालामुखी के आँवे में पकाया था। राजनीतिक इकाइयाँ टूट सकती हैं, लेकिन सांस्कृतिक सच्चाइयाँ नहीं टूट सकतीं और ग़ज़ल ने इसी सांस्कृतिक सच्चाई को जीवित रखा है।' ('हिन्दी ग़ज़ल की नयी दिशाएँ', सम्पादक : सरदार गुजावर)

लेकिन कुछ ग़ज़लकारों की चिन्ताएँ दूसरी हैं। वे ग़ज़ल को शुद्ध 'हिन्दी ग़ज़ल' बना देने के पक्ष में हैं। इस तरह की, शुद्ध हिन्दी ग़ज़लें लिखी तो जा रही हैं लेकिन उनमें ग़ज़ल कम हिन्दी ज़्यादा है।

सुप्रसिद्ध कवि त्रिलोचन ने भी भाषा को लेकर बेबाक और मारक बात कही है, "उर्दू ग़ज़ल में जो भाषा आती है, वह बोलचाल का वही लहजा पकड़ती है, जिसमें कविता का जीवन्तत्त्व आता है। हिन्दी में लिखने वाले, बोलचाल का सौन्दर्य देख ही नहीं पाते। हिन्दी का वातावरण अलग है। उसको रूपायित करने के लिए, वाक्यों में लोच की ज़रूरत होती हैं और इस लोच को लाने में बड़ी मशक़्क़त है।

लोच! यानी सहज-सरल भाषा का प्रयोग।

ग़ज़ल ऐसी कोमल और विस्मित करती विधा है जो 'अति' को किसी रूप में बर्दाश्त नहीं करती। इस विधा को फ़ारसी जब बोझ की तरह प्रतीत हुई तो फ़ारसी ज़बान त्यागकर आसान उर्दू का पक्ष लिया। इसी तरह, शुद्ध हिन्दी ग़ज़ल को दरकिनार करते हुए, दुष्यन्त की तर्ज़ पर ग़ज़ल लेखकों ने हिन्दुस्तानी ज़बान में ग़ज़लें लिखी हैं और सफल भी हुए हैं।

ग़ज़ल की शैली

चार सौ वर्षों के लम्बे सफ़र में सिर्फ़ ग़ज़ल ही लोकप्रिय नहीं हुई, उसकी शैली भी लोकप्रिय हुई है। शायर ने विषय को किस अन्दाज़ से उठाया और किस मुहावरे तथा शैली में शेर को व्यक्त किया, शायरी में यह महत्त्वपूर्ण होता है। वह इसलिए होता है कि सैकड़ों शायरों ने एक ही विषय पर अनेक शेर कहे होते हैं। स्त्री पात्र और प्रेम पर तो इतने शेर हैं कि गिनना मुश्किल। ऐसे परिदृश्य में मौलिकता सिद्ध करने के लिए शायर अपना मुहावरा, शैली और ग़ज़ल-कथन, बिलकुल भिन्न रूप से ईजाद करता रहा है।

महाकवि मीर की ग़ज़ल शैली प्रसिद्ध है।
ग़ालिब का अन्दाज़े-बयाँ प्रसिद्ध है।
नासिर काज़मी का शब्द-चयन, सादगी और बिम्बात्मकता प्रसिद्ध है।
इब्ने इंशा का सूफ़ियाना ठाठ प्रसिद्ध है।

महाकवि मीर की शैली को व्यक्त करते दो शेर प्रस्तुत हैं–

मत सहल हमें जानो, फिरता है फ़लक बरसों
तब ख़ाक के पर्दे से इन्सान निकलते हैं

तथा

नाज़ुकी उसके लय की क्या कहिए
पंख़ुडी इक गुलाब की-सी है

ये जो की-सी का प्रयोग है। यह मीर की शैली है। एक और शेर है—

सरहाने मीर के कोई न बोले
अभी टुक रोते-रोते सो गया है

यह जो टुक का प्रयोग है। यह प्रयोग सिर्फ़ मीर ही कर सके।

मीर ने अवाम के लिए लिखा। जो दुख, कष्ट, निराशा, अभाव का ताना-बाना है, वही करुणा के रूप में, मीर की शायरी में उभरता है।

ग़ालिब का अन्दाज़ है–अन्दाज़े-बयाँ! उनके कठिन-से-कठिन शेर के चाहने वाले लाखों हैं। ग़ालिब का यह अन्दाज़-ए-बयाँ है कि उनके शेरों की अब तक तशरीह (व्याख्या) होती रही है और होती रहेगी।

उनकी ग़ज़ल के ये शेर

कोई दिन गर ज़िन्दगानी और है
अपने जी में हमने ठानी और है
हो चुकी ग़ालिब बलाएँ सब तमाम
एक मर्गेनागहानी और है

नासिर काज़मी ने जो ग़ज़लें लिखीं, उस पर शैली की छाप, नासिर काज़मी की छाप है।

अगर मीर ने आम बोलचाल की भाषा में, शायरी को उच्च कोटि की, उच्च संस्कारित बनाने का कौशल पैदा किया तो नासिर ने, आधुनिक समय में, यही काम किया। नासिर चूँकि विस्थापित होकर पाकिस्तान जा बसे। उनकी शायरी में विस्थापक की वेदना के अतिरिक्त 'ध्यान' भी किसी गूढ़ विषय की तरह है।

उनकी ग़ज़ल से शेर प्रस्तुत हैं जिनमें उनका अपना अन्दाज़, अपना ढब और अपनी शैली है–

अपनी धुन में रहता हूँ
मैं भी तेरे जैसा हूँ

तथा

दिल में इक लहर-सी उठी है अभी
कोई ताज़ा हवा चली है अभी

शैली एक अदृश्य तत्त्व है। लेकिन है।

शायरी के अनुभव ग्रहण करते हुए शायर, कवि जब अपनी ग़ज़ल-कहन, ग़ज़ल-भाषा, कथन, शब्द और मुहावरा तय करते हुए शेर कहते हैं तो वह शायद/कवि की शैली हो जाती है।

हिन्दी में, शमशेर बहादुर सिंह, दुष्यन्त, अदम गोंडवी, सूर्यभानु गुप्त और हरजीत सिंह की अपनी ग़ज़ल शैली है।

सूर्यभानु गुप्त

सूरज के उजाले में, कन्दील की तन्हाई
रस्ते में बम्बई के इस मील की तन्हाई

अदम गोंडवी

जो उलझकर रह गयी है फ़ाइलों के जाल में
गाँव तक वो रोशनी जाएगी कितने साल में

दुष्यन्त

कल नुमाइश में मिला था चीथड़े कपड़ों में वो
मैने पूछा नाम तो बोला कि हिन्दुस्तान है

ग़ज़ल के विषय

आरम्भ में ग़ज़ल के सीमित विषय थे शायर प्रम केन्द्रित शेर कहते या फिर स्त्री पात्र केन्द्रित!

लेकिन मीर तक़ी मीर, ग़ालिब, इक़बाल, फ़ैज अहमद फ़ैज, फ़िराक़ गोरखपुरी के बाद नासिर काज़मी, जॉन एलिया, इब्ने इंशा, शहरयार, निदा फ़ाज़ली ने ग़ज़ल के विषय में जो व्यापक ज़मीन तैयार की और उसके बाद दुष्यन्त ने जो मानवतावादी करुणा और आक्रोश की जो भाव अभिव्यक्ति दी, ग़ज़ल का परिसर विकसित होता चला गया।

क्या मैं तुमको याद नहीं हूँ गंगा जी और जमुना जी
मैं ही तुम्हारा सोगनशी हूँ गंगा जी और जमुना जी

जॉन एलिया

यहाँ मज़बूत से मज़बूत लोहा टूट जाता है
कई झूठे इकट्ठे हों तो सच्चा टूट जाता है

हसीब सोज़

घर की तामीर चाहै जैसी हो
इसमें रोने की कुछ जगह रखना

निदा फ़ाज़ली

दुकानदार तो मेले में लूट गये यारो।
तमाशबीन दुकानें लगा के बैठ गये

दुष्यन्त कुमार

उपरोक्त शेरों की विषयगत व्यापकता से सहज अनुमान लगाया जा सकता है कि ग़ज़ल में कितनी गतिशीलता है और नये विषय की खोज निरन्तर जारी है।

प्रमुख ग़ज़लकार

ग़ालिब
(1797-1869)

उर्दू शायरी में ग़ालिब सबसे अधिक आदरणीय शायर हैं। उनकी शायरी जीवन की तमाम हदें फलाँगती प्रतीत होती है। हर बड़े शायर की शायरी का अपना रुतबा, लहजा, मुहावरा और परिसर होता है। ग़ालिब की शायरी का परिसर इतना विशाल, व्यापक और विराट है कि तमाम विचार, जीवन के सुख-दुख, मुठभेड़ें, जश्न, उदासियाँ, मिलन-विछोह के क्षण और सबसे बढ़कर प्रेम की सघन अनुभूतियों को यहाँ शिद्दत से महसूस किया जा सकता है।

जब हम कष्ट में होते हैं–दुख के चरम की अवस्था से गुज़रते हुए…तो अनायास ग़ालिब याद आते हैं–

इब्ने-मरियम हुआ करे कोई
मेरे दुख की दवा करे कोई

(इब्ने मरियम–मरियम का पुत्र)

और जब हम आत्म-संघर्ष और सामाजिक उलझनों से जूझ रहे होते हैं, तब भी हमें ग़ालिब ही याद आते हैं–

रगों में दौड़ते-फिरने के हम नहीं कायल
जब आँख ही से न टपका तो फिर लहू क्या है

और जब हम गहरे अवसाद में होते हैं तो ऐसे आत्मनिर्वासन के समय में भी ग़ालिब की शायरी हमें तस्कीन देती प्रतीत होती है–

कोई दिन गर ज़िन्दगानी और है
अपने जी में हमने ठानी और है

ग़ालिब हर दौर में, हर एक अवस्था में, जीवन की प्रत्येक छोटी-बड़ी घटना में...हर क्षण में हमारे साथ होते हैं।

हमारे त्रस्त, शोकाकुल, संघर्षरत, टूटते-बिखरते, फिर उठकर सँवरते अवाम के जीवन में ग़ालिब की शायरी किसी 'स्पोकपर्सन' जैसा रुतबा रखती है। ग़ालिब की शायरी हमारी चेतना का ज़रूरी हिस्सा है। वो हमारे जीवनकाल में हमारे साथ, हमारी व्यक्त और अव्यक्त व्याख्याओं की तरह रहती है। चकित कर देने वाली बात यह है कि ग़ालिब एक 'कठिन' शायर हैं। फ़ारसी अल्फ़ाज़ और इज़ाफ़तों का बहुत अधिक प्रयोग, ग़ालिब की शायरी को मुश्किल बना देता है। इसके बावजूद, ग़ालिब की शायरी हमें 'अपनी-सी' प्रतीत होती है।

फ़िराक़ गोरखपुरी ने अपनी पुस्तक उर्दू ग़ज़लगोई में बड़ी महत्त्वपूर्ण बात कही है–"मीर निस्सन्देह महान शायर हैं, लेकिन ग़ालिब–'आप' 'हम' हैं।"

ग़ालिब की शायरी का वैभव इस बात में भी है कि यहाँ कम शब्दों में बड़े विचार की अभिव्यक्ति होती है। ग़ालिब के आभार पढ़ने के बाद समाप्त नहीं होते। वो जिरह करते हैं। सवाल पैदा करते हैं। दिल पर दस्तक देते हैं। दिमाग़ में खलबली मचाते हैं और फिर, बड़ी एकाग्रता से, हमारी चेतना में भावना की बस्ती बनाने में सफल होते हैं।

ग़ालिब सर्वकालिक हैं। हमेशा रहनेवाले। ग़ालिब की शायरी का एक मिसरा है–'हुई मुददत कि ग़ालिब मर गया पर याद आता है'–यहाँ जो स्मृति है सी लगती है और उसकी गूँज है। वह गूँज, अमिट-सी गूँज, भारतीय जनमानस के दिल में गूँजती हुई सी लगती है। ग़ालिब की अनुपस्थिति में कितनी अधिक उपस्थित है। ग़ालिब अपने न होने से ज़्यादा अपने 'होने' में हैं।

डॉ. गोपीचन्द नारंग, उर्दू के प्रसिद्ध आलोचक, ग़ालिब की शायरी के विषय में लिखते हैं–

"ग़ालिब का अन्दाज़े-बयाँ ही नहीं, अन्दाज़-ए-फ़िक्र (चिन्तन की पद्धति) भी भिन्न है। उनकी फ़िक्र में ताजमहल-सा हुस्न है। उनकी आज़ाद रवी (स्वेच्छाचार), कुशाद नज़री (व्यापक दृष्टिकोण) का गहरा तअल्लुक़ हिन्दुस्तानी कल्चर और मिज़ाज से है।"

ग़ालिब अपने जीवन में कष्ट उठाते रहे। माली हालत (आर्थिक तंगी) से जूझते रहे। इसके बावजूद, वे ज़िन्दगी से निवेदन नहीं करते, ज़िन्दगी से 'जंग ठानते' हैं–

अपने जी में हमने ठानी और है।

वो टूटते-बिखरते भी हैं, बेशक! इसके बावजूद वो 'ठानने' का हौसला रखते हैं और हौसलाकुल अन्दाज़ में कहते हैं–

घिसता है जबीं ख़ाक पे दरिया मेरे आगे

डॉ. रामविलास शर्मा लिखते हैं–"उनकी सबसे बड़ी विशेषता यह है कि भवभूति, दांते और शेक्सपियर की तरह वे करुणा और दुख के अन्यतम कवि हैं। हेमलेट और मैकबेथ की तरह वे रात को न सो सकने की व्यथा पहचानते हैं।

ग़ालिब का जीवन सफ़र

मिर्ज़ा ग़ालिब उच्च स्तरीय ख़ानदान से तअल्लुक़ रखते थे। मिर्ज़ा ग़ालिब का जन्म सन् 1797 को आगरा में हुआ। उनका पूरा नाम मिर्ज़ा असदउल्लाह ख़ाँ था। शुरुआती दौर में उन्होंने ग़ज़लों में 'असद' तख़ल्लुस का प्रयोग किया। बाद में 'ग़ालिब' 'तख़ल्लुस' से शायरी करते रहे। उनका घरेलू नाम मिर्ज़ा नोशा था। पिता की मृत्यु के वक़्त मिर्ज़ा की उम्र पाँच साल थी।

मिर्ज़ा का पालन-पोषण उनके चचा नसीरुल्ला बेग ने किया। स्वयं नसीरुल्ला बेग मराठों की तरफ़ से अकबराबाद में सूबेदार थे। लेकिन चचा नसीरुल्ला बेग की भी मृत्यु हो गयी। इसके बाद उनकी परवरिश ननिहाल में हुई।

मिर्ज़ा जब तेरह साल के थे तो उनकी शादी हो गयी।

ग़ालिब का निधन सन् 1869 में हुआ था।

दुष्यन्त कुमार

कुल जमा एक ग़ज़ल-संग्रह–'साये में धूप' कुल जमा बावन ग़ज़लें।
कुल जमा उम्र बियालीस साल।

बियालीस साल की बहुत कम उम्र जीने वाले दुष्यन्त कुमार, हिन्दी ग़ज़ल का हमेशा चमकने वाला नक्षत्र, न डूबने वाला सितारा है। इतना सर्वकालिक कि जैसे सामने बैठे हों और अपनी ग़ज़ल के शेर सुना रहे हों–'एक पत्थर तो तबीयत से उछालो यारो।'

बियालीस साल जैसी अति संक्षिप्त जीवन जीने वाले दुष्यन्त ग़ज़ल के दुष्यन्त! हिन्दी कविता की पूरी क़ायनात के बरअक्स कहीं ज़्यादा बलन्द, कहीं ज़्यादा ताजवर, कहीं ज़्यादा लोकप्रिय, कहीं ज़्यादा ताज़ादम ग़ज़लकार प्रतीत होते है।

दुष्यन्त महज़ एक कवि, एक नाटककार, एक उपन्यासकार का नाम नहीं, ग़ज़ल शैली, नयी ग़ज़ल-भाषा और नयी भाव-भंगिमा लाने वाले में एक नयी ग़ज़ल शायर का नाम है। उसने अल्फ़ाज़ के सुर्ख अंगारे आकाश की तरफ़, कुछ इस ज़िद के साथ उछाले कि आकाश में छेद हो गया।

कविता की दुनिया छोड़कर, ग़ज़ल की दुनिया में आये दुष्यन्त, हिन्दी ग़ज़ल का मीरे-कारवाँ बन गये।

दुष्यन्त की किताबों की बात करें तो उनका पहला कविता-संग्रह 'सूर्य का स्वागत' 1957 में छपा था।

इस कविता-संग्रह के अतिरिक्त 'आवाज़ों के घेर, जलते हुए वन का वसंत'(कविता); 'एक कण्ड विषपायी' (नाटक); 'छोटे-छोटे सवाल' (उपन्यास); 'आंगन में एक वृक्ष' (उपन्यास); 'मन के कोण' (एकांकी) और 'मसीहा मर गया' (नाटक)। 'साये में धूप' ग़ज़ल-संग्रह 1975 में छपा। 'सूर्य का स्वागत' (कविता-संग्रह-1957) करता हुए दुष्यन्त, यह कहते हुए–'चलो यहाँ से चलें और उम्रभर के लिए' और सचमुच 30 दिसम्बर 1975 को हमेशा के लिए वे चले गये।

दुष्यन्त बेशक इस दुनिया से चले गये, लेकिन क्या सचमुच वे चले गये? नहीं, वे अब भी उपस्थित है। वे अपने हर शेर मैं उपस्थित है। वो अपने याराने, दोस्ताने, मस्ती, फक्कड़पन, कबीराना ठाठ और फ़क़ीराना अन्दाज़ में मौजूद हैं।

दुष्यन्त की ग़ज़लों का पढ़ें और महसूस करें तो लगता है जैसे वह आज भी हिन्दी ग़ज़ल के द्वार की साँकल खोल रहे हैं।

दुष्यन्त ने बिजनौर ज़िले के राजपुरा गाँव में जन्म लिया। बिजनौर और मुरादाबाद में शुरुआती पढ़ाई की। फिर उच्च शिक्षा के लिए इलाहबाद रवाना हुए। इलाहाबाद से न सिर्फ़ एम.ए. किया बल्कि हरिवंशराय बच्चन जैसे कवि के सम्पर्क में आये और कविताएँ लिखने लगे। इलाहाबाद में कमलेश्वर मार्कण्डेय और दुष्यन्त की तिकड़ी बहुत मशहूर हुई। यहाँ उन्होंने दुष्यन्त कुमार 'परदेसी' के नाम से लिखना शुरू किया।

नौकरी के सिलसिले में दुष्यन्त को कई स्थान बदलने पड़े। इलाहाबाद, दिल्ली, भोपाल। भोपाल शहर दुष्यन्त को ख़ूब भाया और यहीं के होकर रह गये।

दुष्यन्त गोरे-चिटटे, ऊँची क़द-काठी के रहे। लेकिन वे भाषा को लेकर एक परिपक्कव सोच रखते थे। 'साये में धूप' अपने ग़ज़ल संग्रह में उन्होंने बड़ी साफ़गोई से कहा है–"उर्दू और हिन्दी, अपने-अपने सिंहासनों से उतरकर, जब आम आदमी के पास आती हैं तो उनमें फ़र्क कर पाना बड़ा मुश्किल होता है। मेरी नियत और कोशिश यह रही है कि इन दोनों भाषाओं को ज़्यादा से ज़्यादा क़रीब ला सकूँ। इसलिए ये ग़ज़लें उस भाषा में कहीं गयी हैं, जिसे मैं बोलता हूँ।"

गौरतलब है, दुष्यन्त को ग़ज़ल जैसी जिस विधा ने आकर्षित किया, उसी विधा को उलझनवाली और पेचीदा विधा कहकर, शमशेर बहादुर सिंह वापिस अपनी कविता की दुनिया में लौट गये।

लेकिन दुष्यन्त, जिन्हें अपनी बात कहने के लिए किसी माक़ूल माध्यम (विधा) की तलाश थी, कविता, नाटक, उपन्यास जैसी विधाओं का त्याग करके ग़ज़ल जैसी जटिल और अनुशासन की पाबन्द सिन्फ़ (विधा) में प्रविष्ट हुए।

हिन्दी काव्य-जगत् के लिए यह एक असाधारण साहित्यिक घटना थी।

ग़ज़ल की बात करें तो ग़ज़लें शमशेर बहादुर सिंह, भारतेन्दु हरिश्चन्द्र, त्रिलोचन, निराला, प्रसाद ने भी लिखीं, लेकिन सब कवि रहे अपनी कविता के आसपास।

लेकिन दुष्यन्त जब ग़ज़ल विधा में प्रविष्ट हुए तो अभिव्यक्ति की तड़प लेकर। आम आदमी के जीवन की यातना और उसके टूटे सपने लेकर।

दुष्यन्त ने कहा भी–'मुझमें रहते हैं करोड़ों लोग चुप कैसे रहूँ?' दुष्यन्त हिन्दी ग़ज़ल में करोड़ों लोगों की आवाज़ लेकर आये।

दुष्यन्त की ग़ज़लों को पढ़ते वक़्त महसूस होता है, बेहतर कहने की छटपटाहट उनमें मौजूद रहती है। यही बात दुष्यन्त के साथ रही। रफ़्ता-रफ़्ता, उन्होंने न सिर्फ़ अपना मुहावरा ईजाद किया बल्कि अपना ग़ज़ल-समय भी निर्मित किया। दुष्यन्त का ग़ज़ल-समय इतना शाश्वत है कि वो इस समय में गूँजता है।

दुष्यन्त ने देवनागरी लिपि में लिखी जाने वाली ग़ज़ल को (जिसे बाद में हिन्दी ग़ज़ल कहा लाने लगा) मौलिक भावबोध, नया मुहावरा और दूर तक मार करती शब्दावली (हिन्दी-उर्दू मिश्रित) के ज़रिए शिनाख़्त करायी। दुष्यन्त की ग़ज़लगोई के साहसिक प्रयोग ने हिन्दी (और उर्दू) काव्य-जगत् को चकित किया। चकित इस बात से भी किया कि उन्होंने आज़मूदा शैली के विपरीत एक नयी ग़ज़ल-शैली विकसित की जहाँ इश्क़ कम था, समाज ज़्यादा था। जहाँ पेड़-पौधों और दरियाओं की बात कम थी, मनुष्य और मनुष्यता की बात अधिक थी। जहाँ आम आदमी भी असम्भव यात्रा, दुष्यन्त की ग़ज़लों में सम्भावना की यात्रा थी। उन्होंने कहा भी–'ये लोग कितने मुनासिब हैं इस सफ़र के लिए।'

यह ग़ज़लगोई का नया अन्दाज़ था–हैरान कर देने की हद तक नया।

कल नुमाइश में मिला था चीथड़े पहने हुए
मैंने पूछा नाम तो बोला कि हिन्दुस्तान है।

शेर में प्रतीकात्मकता है। शेर में रुपक की रचना है। शेर में एक 'कथा' है। कवि को कल नुमाइश में एक शख़्स मिला, जो चीथड़े कपड़ों में था। वो शख़्स कहाँ मिला? नुमाइश में। नुमाइश में चीथड़े पहने हुए एक शख़्स! कवि ने जब उसका नाम पूछा तो उसने अपना नाम हिन्दुस्तान बताया! पूरे शेर का तिलिस्म क़ाफ़िये पर आकर टूटता है। क़ाफ़िया क्या है? हिन्दुस्तान! चीथड़े डाले हुए। नुमाइश के रूप में–हिन्दुस्तान। पूरे हिन्दुस्तान को परसानीफ़ाई कर देना–यह नायाब प्रयोग है। एक नयी ग़ज़ल-शैली। जहाँ शेर में कहानी-सी लिखी जाये–हिन्दुस्तान में निर्धन अवाम की कहानी। विद्वानों ने हिन्दुस्तान की बदहाली पर बहुत किताबें लिखी होंगी। दुष्यन्त ने एक शेर कहा–सम्पूर्ण शेर!

ग़ज़ल का बड़ा लेखक शब्दों का अपव्यय नहीं करता। उसके लिए शब्द बहुमूल्य होते हैं। वो उनको बचाकर रखता है। यही बात दुष्यन्त की ग़ज़लगोई में है। कम शब्दों में बड़ी बात कहने का हुनर उनमें है। दुष्यन्त, शब्द तो सोच-समझकर प्रयोग करते ही है; शब्द-चयन के भी वो फ़नकार हैं। ग़ज़ल से पहले उन्होंने नाटक

लिखे। ग़ज़ल लिखते हुए, नाटकीय प्रभाव उनकी ग़ज़लों में चमत्कार-सा पैदा करता है—

तू किसी रेल-सी गुज़रती है
मैं किसी पुल-सा थरथराता हूँ

उर्दू ग़ज़ल में 'मैं और तू' का रिश्ता बहुत पुराना है और वो व्यापक रूप से प्रयोग होता रहा है। एक स्त्री पात्र दूसरा पुरुष पात्र, और बीच में मिलने-बिछुड़ने के दृश्य।

लेकिन दुष्यन्त ने इस मैं और तू या तू और मैं का प्रयोग, हैरान कर देने वाले, बिल्कुल अछूते प्रतीकों में किया है। बिम्ब रचना इतनी प्रबल है कि शेर दृश्यमान हो उठता है। शेर में रेलगाड़ी है (भाप के इंजनवाली रेलगाड़ी), शेर में पुल है, (लकड़ी के स्लीपरों वाला पुल)। रेलगाड़ी का गुज़रना। पुल का थरथराना। बरसों पहले हम सबने इस दृश्य को देखा होगा। लेकिन दुष्यन्त की कल्पनाशीलता का चरम इस शेर में किस उत्कर्ष से हुआ है। दुष्यन्त ने इस शेर में तू और मैं पात्रों के ज़रिये शेर का सृजन ही नहीं किया बल्कि वर्गभेद की मार्मिक अभिव्यक्ति भी की है। प्रेमिका सम्पन्न है वो किसी रेल-सी गुज़रती है। मैं पात्र निर्धन है, वो किसी पुल-सा थरथराता है। अहंकार के बरअक्त विनम्रता (या दीनता) का यह शेर ज़िन्दगी पर भी लागू हो सकता है। ज़िन्दगी रेलगाड़ी-सी गुज़रती है और निर्धन बेचारगी और बेबसी के आलम में थरथराता-सा रहता है।

दुष्यन्त के शेर समाप्त हो जाने के बाद भी समाप्त नहीं होते। वे अवचेतन में शामिल हो जाते हैं। नुमाइश का चीथड़े कपड़ेवाला हिन्दुस्तान शामिल हो जाता है और रेल का गुज़रना, पुल का थरथराना भी किसी छवि-सा अंकित हो जाता है।

दुष्यन्त की ग़ज़लगोई की एक विशेषता यह भी है कि वो बहुत सारे शेरों में 'सम्बोधन' का प्रयोग करते हैं। इसका गहरा असर यह होता है कि शेर बहुत पास आ जाता है। बात दूर की नहीं, पास की लगती है। शेरगोई का यह अन्दाज़ जितना गूढ़ होता है, उतना दिलकश।

उपरोक्त शेर में रेल और पुल, दो विरोधाभास पैदा करने वाले प्रतीक थे तो इस शेर में कालीन और कीचड़ के प्रतीक हैं।

आपके कालीन देखेंगे किसी दिन
इस समय तो पाँव कीचड़ में सने हैं।

इस शेर में भी इस कथा-सी है। एक कामगार/श्रमिक किसी पूँजीपति (अथवा मिल मालिक) के घर के बाहर खड़ा है। घर में कालीन बिछा है और श्रमिक के पाँव कीचड़ से सने हैं। पूँजीपति कर अंहकार अपनी जगह। लेकिन यहाँ जो श्रमिक का आत्मसम्मन है, ग़ज़ल के विद्वानों ने इसकी अनदेखी की है। यह आत्मसम्मान ही तो शेर की आत्मा है। वो कीचड़ सने पाँव के साथ पूँजीपति के घर के बाहर खड़ा है और बिलकुल संकोच में नहीं। पाँव का कीचड़ उसका गौरव है। निम्नमध्य वर्ग का वह शाख़्स किस जुर्रत के साथ कह रहा है–'कभी कालीन देखेंगे तुम्हारे!'

दुष्यन्त ने बहुत सारे अश्आर में, विरोधाभास के ज़रिये अपनी बात कहीं है। सामाजिक विडम्बना और शक्ति-केन्द्रों के प्रपंच को दुष्यन्त अपने शेरों में प्रखर चेतना के साथ व्यक्त करते हैं। ग़ौरतलब बात ये है कि यहाँ मुख्य पात्र 'विडम्बना' होती है। ये शेर–

भूख है तो सब्र कर रोटी नहीं तो क्या हुआ
आजकल दिल्ली में है ज़ेरे-बहस ये मुद्दआ

तथा

ये रोशनी है हक़ीक़त में एक छल लोगो
कि जैसे जल में झलकता हुआ महल लोगो

दुष्यन्त ले विडम्बना जैसे तत्त्व को गँवाया नहीं, शेरगोई में उससे बड़ा काम लिया। शेर है–

कहाँ तो तय था चराग़ाँ हरेक घर के लिए
कहाँ चराग़ मयस्सर नहीं शहर के लिए

विडम्बना के पसेमंज़र, कवि की जो व्याकुलता है, वो मानीख़ेज़ है।

शेर की संरचना का जहाँ तक प्रश्न है, वह नायाब है। शेर आसान। शब्द कम। लेकिन बात सघन और गूढ़! दूसरे मिसरे में एक बेचैन कर देने वाली अर्थध्वनि है–'कहाँ चराग़ मयस्सर नहीं शहर के लिए।'

'कहाँ' शब्द दोनों मिसरों के आरम्भ में है। दोनों मिसरे 'कहाँ' शब्द से खुलते हैं। दूसरे मिसरे में 'कहाँ' शक्ति अर्जित है। बेचैनी बेशक अपने अदृश्य रूप में है, लेकिन वह दिखाई देने लगती है। यह शेर प्रतीकों में है। व्यवस्था की नाकामी पर व्याकुल कर देने वाला तबसरा–इस एक शेर में।

उर्दू जदीद शायरी के प्रसिद्ध शायर नासिर काज़मी ने जदीद (आधुनिक) शायरी में एक नयी तरह की जदीदियत पैदा की–आसान शेर, लेकिन बात गम्भीर!

यही परिवर्तन दुष्यन्त ने हिन्दी ग़ज़ल में किया। दुष्यन्त ने अपनी ग़ज़लों में आम आदमी को उपस्थित करते हुए उसके कष्ट, संघर्ष, वेदना, शोषण और यातना को मार्मिकता और तीक्ष्णता से व्यक्त किया। दुष्यन्त ऐसे पहले आधुनिक ग़ज़लकार थे जिन्होंने प्रतिवाद के स्वर में करुणा के स्वर शामिल किये। मसलन ये शेर–

न हो कमीज़ तो पैरों से पेट ढक लेंगे
ये लोग कितने मुनासिब है इस सफ़र के लिए

तथा

मस्ललेहत, आमेज़ होते हैं सियासत के क़दम
तू समझेगा सियासत तू अभी नादान है

दूसरे शेर की बात पहले करते हैं। यहाँ भी सम्बोधन है। यहाँ भी 'तू' पात्र है। तू पात्र, साधारण मनुष्य का प्रतीक है, जो इतना साधारण है कि उसे सियासत के प्रपंच का पता ही नहीं। यहाँ दूसरे मिसरे में बात 'तू' पात्र से है लेकिन कटाक्ष तन्त्र पर है–'तू नहीं समझेगा सियासत तू अभी नादान है'। सत्ता में जो होते हैं वे इतना छद्म ओढ़ते हैं कि मनुष्यता उनमें कुछ कम ही रह जाती है।

पहला मिसरा–'मस्लहत आमेज़ होते हैं सियासत के क़दम'

ऐसा प्रतीत होता है जैसे उर्दू ग़ज़ल से उठकर यह मिसरा हिन्दी ग़ज़ल में चला आया हो। पूरा मिसरा उर्दू भाषा में व्यक्त हुआ है, लेकिन इस मिसरे का (और पूरे शेर का) अन्दाज़े-बयाँ ऐसा है कि शेर पाठकों की स्मृति में जीवित है।

पहले शेर में ग़रीब आदमी की दीनता का चरम है, जो घुटनों से पेट ढकने को विवश है। और ऐसे कठिन जीवन सफ़र के लिए ही वह बना है। बिल्कुल इसी अन्दाज़ का एक और शेर है। शेर में जो व्यजंना है, वह मारक है–

ये सारा जिस्म झुककर बोझ से दुहरा हुआ होगा
मैं सजदे में नहीं था आपको धोखा हुआ होगा

अन्य शेरों की तरह यह शेर भी कितना चाक्षुष है। बोझ से पीठ झुकाकर खड़ा 'मैं' पात्र! और किसी कुलीन का भ्रम दूर करता हुआ मैं पात्र–'मैं सजदे में नहीं था आपको धोखा हुआ होगा'।

भूख, शोषण, ग़रीबी, उत्पीड़न को केन्द्र में रखकर लिखी गयी कविताएँ या

ग़ज़लें या तो स्थूल हो जाती हैं या फिर सपाटबयानी में समाप्त हो जाती हैं। चकित करने वाली बात है कि ऐसे विषयों पर कहे गये दुष्यन्त के शेर, बार-बार पढ़े जाते रहे हैं। ऐसा इसलिए सम्भव हो पाया कि दुष्यन्त अपनी शेरगोई में तासीर पैदा करने में सफल हुए। बयान में सादगी, अन्दाज़ में नयापन, शब्दों में लयात्मकता और ताज़गी, शेरों को पूरी तैयारी के साथ कहने की तड़प–इन तमाम बातों ने दुष्यन्त की ग़ज़लों को सर्वकालिक बना दिया। प्रत्येक पढ़ने-सुनने वाले को महसूस हुआ जैसे दुष्यन्त के शेर उसके जीवन से भी तअल्लुक़ रखते हैं।

दुष्यन्त शेर कहते हुए एक रागात्मक रिश्ता जोड़ लेते है। उनके बहुत सारे शेरों में सम्बोधन है। हम जब किसी से मुख़ातिब होते हैं तो एक रिश्ता स्वत:स्फूर्त बन जाता है। दुष्यन्त शेर के बीच ऐसा रिश्ता पैदा करने का शऊर रखते हैं। यह शेर देखें–

मेरे सीने में नहीं तो तेरे सीने में सही
हो कहीं भी आग लेकिन आग जलनी चाहिए

समाज में जिस वक़्त, आत्मीयता का क्षरण हो रहा हो, एंव उस वक़्त दुष्यन्त के शेर में आपसदारी की भावना ग़ैरमामूली हो जाती है।

आग जलनी चाहिए। आग यानी तपिश। आग यानी प्रकाश। आग यानी जीवन। आग यानी उम्मीद!

इसी भावबोध और उद्दाम इच्छा का यह शेर, दुष्यन्त की ग़ज़लगोई का उत्कर्ष रूप है–

कैसे आकाश में सूराख़ नहीं हो सकता
एक पत्थर तो तबीयत से उछालो यारो!

यह उच्च काटि का उच्च संस्कारित शेर हैं। निष्क्रियता के बरअक्स संघर्ष की चेतना। निराशा के बरअक्स उम्मीद!

आकाश में सूराख़! यह नयी तरकीब है जो शेर में प्रयुक्त हुई है। ग़ज़लों में आकाश को छूने की बात, बार-बार हुई, लेकिन आकाश में सूराख़ करने का जज़्बा दुष्यन्त पैदा कर पाये।

इसमें दो शब्द ग़ौरतलब हैं–सूराख़ और तबीयत! कितने क़ीमती हैं दोनों शब्द! इन शब्दों को हटाकर क्या किसी अन्य लफ़्ज़ के बारे में सोचा जा सकता है? यह दुष्यन्त की ग़ज़ल-भाषा है।

दुष्यन्त जानते थे यान्त्रिकता ग़ज़ल के शेरों को नष्ट कर देती है। इसलिए उन्होंने जिस ग़ज़ल-भाषा का सृजन अपने ग़ज़लों के लिए किया है वह ग़ज़ल का अपना ठाठ है। अपना सौन्दर्य है और अपनी सघन अर्थवत्ता!

दुष्यन्त ग़ज़ल की दुनिया में आकर प्रसिद्ध हुए हो, ऐसा बिल्कुल नहीं है। वह कवि के रूप में भी प्रसिद्ध थे। कविता के अतिरिक्त उन्होंने दो उपन्यास और एक काव्य-नाटक (एक कण्ठ विषपायी) भी लिखा। इसके बावजूद, वह किसी ऐसे माध्यम की तलाश में थे जिससे वे समाज के साथ संवाद कर सकें। ग़ज़ल को उन्होंने भावाभिव्यक्ति का माध्यम बनाया और वह इस विधा में इस कदर सफल रहे कि हिन्दी ग़ज़ल के परम्परा-पुरूष कहलाये जाने लगे।

दुष्यन्त समाज से संवाद करना चाहते थे। उनकी ग़ज़ल-शैली पर ग़ौर करें, उनकी ग़ज़लगोई में जो सामाजिक यथार्थ है, वो संवाद की सूरत में है। जब वह कहते है– 'मेरे सीने में नहीं तो तेरे सीने में सही', जब वह कहते हैं–'चलो यहाँ से चलें और उम्र भ्रर के लिए, जब वह कहते हैं–'अब तो इस तालाब का पानी बदल दो'–इनमें कवि का संवाद है। ये सिर्फ़ उदाहरण हैं। उनकी अधिकांश ग़ज़लों में सम्बोधनों का और संवादों का सौन्दर्य है।

इस तरह से देखें तो दुष्यन्त की ग़ज़लें, सामूहिक चेतना की ग़ज़लें हैं।

'कल्पना' पत्रिका में छपी सोलह ग़ज़लों के आत्मकथ्य के रूप में दुष्यन्त ने बेबाक लहजे में कहा, "सिर्फ पोशाक या शैली बदलने के लिए मैंने ग़ज़लें नहीं लिखी, बल्कि अपनी उस तकलीफ़ को, शदीद तकलीफ़ को, जिससे सीना फटने लगता है, ज़्यादा से ज़्यादा सच्चाई, ज़्यादा से ज़्यादा समग्रता के साथ, ज़्यादा से ज़्यादा लोगों तक पहुँचाने के लिए ग़ज़लें कही हैं।

दुष्यन्त की ग़ज़लें ज़्यादा लोगों तक इस क़दर पहुँचीं कि 1975 में प्रकाशित उनके ग़ज़ल संग्रह 'साये में धूप' के पैंसठ से ज़्यादा संस्करण छप चुके हैं।

दुष्यन्त की ख़ूबी यह भी है कि वो ग़ज़लों तगज़्ज़ुल पैदा करना जानते हैं। यही वजह है कि व्यवस्था पर प्रहार करते हुए भी उनके शेर 'स्टेटमेंट' तक सीमित नहीं रहते, वे प्रबल भावना के साथ व्यक्त होते हैं और चेतना को स्पर्श करते हैं। दुष्यन्त, कथ्य को शेर में इस कलात्मक ढंग से तहलील करते है कि शेर स्वयं बोलता हुआ महसूस होता है न सिर्फ बोलता हुआ बल्कि बिम्ब बनकर वह दिखाई भी देने लगता है।

दुष्यन्त ने जब ग़ज़लें लिखनी शुरू कीं, वह उर्दू जदीद ग़ज़ल का उत्कर्ष समय था। उर्दू ग़ज़ल के ऐसे प्रभावशाली समय में हिन्दी ग़ज़ल का एक कवि/ग़ज़लकार

दुष्यन्त अपनी ग़ज़ल-भाषा, ग़ज़ल-शैली, अन्दाज़े बयाँ, आक्रामकता में करुणा का समावेश करके ऐसा 'ग़ज़ल समय' रचता है कि अदब के किसी ऊँचे चबूतरे पर खड़ा दिखाई देता है। दुष्यन्त की ग़ज़लों के कुछ शेर–

यहाँ तो सिर्फ़ गूँगे और बहरे लोग बसते है
ख़ुदा जाने यहाँ पर किस तरह जलसा हुआ होगा?

* * *

अब तो इस तालाब का पानी बदल दो
ये कमल के फूल कुम्हलाने लगे हैं

* * *

जिस तरह चाहो बजा लो इस सभा में
हम नहीं हैं आदमी हम झुनझुने हैं

आम आदमी का झुनझुने की तरह इस्तेमाल होना, गूँगे-बहरे लोगों के बीच जलसा, ऐसी विकृत अवस्था में दुष्यन्त ने व्याकुल होकर कहा–'अब तो इस तालाब का पानी बदल दो।'

दुष्यन्त सिर्फ़ राजनीति के छद्‌म को शेरों में ही व्यक्त नहीं करते बल्कि सामाजिक विद्रूपता, एग्जिस्टिंग एनार्की (चलती-फिरती अराजकता) सामाजिक पाखण्ड पर पैने प्रतीकों, तंज़ शब्दों से तन्ज़ करते हैं। कुछ शेर–

इस शहर में वो कोई बारात हो या वारदात
अब किसी भी बात पर खुलती नहीं हैं खिड़कियाँ

* * *

दुकानदार तो मेले में लुट गये यारो
तमाशवीन दुकानें लगा के बैठ गये।

* * *

अब किसी को भी नज़र आती नहीं कोई दरार
घर की हर दीवार पर चिपके हैं इतने इश्तहार

दुष्यन्त ने बड़ा काम यह किया कि उन्होंने हिन्दी भाषा में, ग़ज़ल विधा की नयी खोज की। हिन्दी में ग़ज़ल पहले भी थी, लेकिन न ऐसी गूँजती हुई ललकार

पहले थी, न ऐसी भाषा, न ऐसा शब्द-सौन्दर्य। दुष्यन्त ने ठोस कथ्य को अपने शेरों में उतारते हुए भी लोच और लय का ध्यान रखा। उन्होंने हिन्दी-उर्दू के बीच एक पुल का निर्माण किया। उन्होंने फ़ारसीनिष्ठ उर्दू लफ़्ज़ों का शेरों में इस सलीक़े से इस्तेमाल किया कि वो हिन्दी ग़ज़ल में आकर, हिन्दी के हो गये। दुष्यन्त के बाद, हिन्दी ग़ज़लकार उर्दू-हिन्दी शब्द प्रयोग पर बेवजह बहस करते रहे, लेकिन दुष्यन्त की उर्दूनिष्ठ ग़ज़ल-भाषा पर किसी ने सवाल नहीं किया। दुष्यन्त की ग़ज़ल-भाषा ही अवाम की भाषा है।

सिर्फ़ हंगामा खड़ा करना मेरा मक़सद नहीं
मेरी कोशिश है कि ये सूरत बदलनी चाहिए

दुष्यन्त ने बेशक हंगामा खड़ा करने के लिए ग़ज़लें न लिखी हों, लेकिन दुष्यन्त की ग़ज़लों ने, हिन्दी ग़ज़ल में ऐसा हंगामा खड़ा किया, कि दुष्यन्त के बाद, दुष्यन्त की ग़ज़लगोई का मुहावरा और अन्दाज़े-बयाँ ऐसा चला कि हिन्दी ग़ज़ल पर दुष्यन्त का असर आज भी मौजूद है।

दुष्यन्त की ग़ज़लों में तीक्ष्ण प्रतिवाद की माक़ूल जगह है तो जीवन राग भी इन ग़ज़लों में भरपूर है। कुछ शेर–

ख़ुदा नहीं न सही आदमी का ख़्वाब सही
कोई हसीन नज़ारा तो है नज़र के लिए

* * *

एक खँडहर के हृदय-सी, एक जंगली फूल-सी
आदमी की पीर गूँगी ही सही, गाती तो है।

* * *

चलो , अब यादगारों की अँधेरी कोठरी खोलें
कम-अज-कम एक वो चेहरा तो पहचाना हुआ होगा

* * *

वो मुतमइन है कि पत्थर पिघल नहीं सकता
मैं बेकरार हूँ आवाज़ में असर के लिए

* * *

जियें तो अपने बगीचे में गुलमुहर के तले
मरें तो ग़ैर की गलियों में गुलमुहर के लिए

उपरोक्त अश्आर को गहराई से महसूस करें। इनमें टिमटिमाती उम्मीद है। जीवन-राग है। जीवन के प्रति ही नहीं, मनुष्यता के प्रति भी निष्ठा है। यहाँ वर्तमानता है। यहाँ स्मृति की गूँज है। यहाँ आग के जलते रहने की सद्भावना है तो यहाँ गूँगी पीर के गाने का उत्सव है। यहाँ आवाज़ में असर पैदा करने की तड़प है तो गुलमुहर के लिए (या कहें कि प्रेम के लिए) मर मिटने की प्रतिबद्धता है।

दुष्यन्त जब कहते हैं–'मुझमें रहते हैं करोड़ों लोग चुप कैसे रहूँ'? यही व्याकुलता उन्हें हिन्दी ग़ज़ल का परम्परा-पुरुष बनाती है। साधारण मनुष्य का साधारणत्व उनकी ग़ज़लों में आख्यान जैसी रचना करता है। जनसाधारण का संघर्ष, कशमकश और द्वन्द्व, दुष्यन्त की ग़ज़लों में जैसे सांस ले रहा हो। यह शेर देखें–

कभी मचान पे चढ़ने की आरज़ू उभरी।
कभी ये डर कि ये सीढ़ी फिसल न जाए कहीं।

शेर में गहरा द्वन्द्व है। यह द्वन्द्व साधारण लोगों में हमेशा मौजूद रहता है। उनके पास सपने नहीं होते। उनकी राख होती है। दूसरे मिसरे में 'सीढ़ी फिसलने का डर' है। यह डर, मामूली डर नहीं। इस डर के भीतर असुरक्षा का भाव है जो जीवन से जुड़ा है। दुष्यन्त प्रतीकों में शेर कहते हैं। इसलिए प्रतिरोध के शेरों में भी, सांकेतिकता और गहराई मौजूद रहती है।

दुष्यन्त भाषा को लेकर कितने साफ़, स्पष्ट और दृष्टि सम्पन्न हैं, इसकी मिसाल ये दो शेर हैं–

मत कहो आकाश में कुहरा घना है
यह किसी की व्यक्तिगत आलोचना है

दोस्तो! अब मंच पर सुविधा नहीं है
आजकल नेपथ्य में सम्भावना है

दोनों शेर न सिर्फ़ प्रतीकात्मक हैं, बल्कि शेरों को अभिव्यक्ति करने का मुहावरा भी अनूठा है। मस्लहत आमेज़, राजदा, कायदे-क़ानून, चराग़ाँ, मुतमइन, रंजिदा, मरासिम जैसे शब्दों का शेरों में अनुपम प्रयोग है तो हिन्दी के शब्द भी बहुत विश्वास और हुनरमन्दी से प्रयुक्त हुए हैं, यथा–व्यक्तिगत आलोचना, सम्भावना, नेपथ्य, पीर पर्वत-सी, प्रतिपक्ष, विरूपित, ऋतम्बरा आदि। दुष्यन्त ने वो शब्द चुने जिनमें लोच, लय संगीतात्मकता और अर्थ ध्वनित होता था, वे शब्द चाहे हिन्दी के हों या उर्दू के।

दुष्यन्त की मृत्यु 30 दिसम्बर 1975 (जन्म 1 सितम्बर 1933) को हुई। दुष्यन्त स्मृति अंक' ('सारिका' मई 1976) में कमलेश्वर ने अपने सम्पादकीय में लिखा–"दुष्यन्त अपने सपने लेकर आया और आम आदमी को सपना देकर चला गया, उस आम आदमी का सपना जो अपने विराट समय को पहचानते हुए, उसी में जीता और मरता है।"

गुलज़ार

मीर के दौर के लोगों ने, मीर के होने पर फ़ख्र महसूस किया। ग़ालिब के दौर के लोगों ने, ग़ालिब के होने पर गर्व किया। फ़िराक़ के दौर में, लोगों ने फ़िराक़ का एहतराम किया।

और हमने गुलज़ार साब को दिलो-जाँ से चाहा। उनको खुशआमदीद कहा। गुलज़ार जैसी हस्ती, जो बिल्कुल हमारे समय में है, हमने उनको और समय को आदाब कहा।

गुलज़ार एक युग हैं। एक असाप्त युग। वह एक ऐसी तवील नज़्म की तरह है, जिसे हर कोई सुनना चाहता है।

हर दौर में बड़े अदीब हुए हैं, और हर दौर के अदीब का समय, रचनात्मक सरोकारों का साँस लेता समय हो जाता हैं।

गुलज़ार की अज़मत ग़ैरमामूली है। वह चकित करते हैं।

मीर के उस्लूब को मीरियत कहते हैं।

तो मैं गर्व से, गुलज़ार के सुदीर्घ रचनात्मक सफ़र को गुलज़ारियत कहना चाहूँगा।

गुलज़ार के बारे में सोचें तो सोचते रह जायें। उनकी रचनात्मकता के किस क्षेत्र को चुनें। किस पर लिखें। जितना लिखें वह सब अधूरा होगा, यक़ीनन।

अपने जीवनकाल में हमने गुलज़ार जैसी कोई अदबी शख़्सियत नहीं देखी। वे कवि हैं। वे नज़्म निगार हैं।

वे ग़ज़ल लेखक हैं। वे लोकगीतों के रचयिता, आधुनिक कवि और उत्तर-आधुनिक शायर हैं। अफ़साना निगार हैं। पटकथा लेखक हैं। फ़िल्म निदेशक हैं और किताबों के लेखक हैं। वे हर पल के लेखक हैं। हर क्षण को नज़्मों में रचने वाले, बेमिसाल कवि।

गुलज़ार जो नज़्में शब्दों में लिखते, वे बिम्ब बनकर दिखाई भी देने लगती है।

गुलज़ार गहरी संवेदना, नयी शब्दावली और सृष्टि के अव्यक्त को व्यक्त करने वाले महाकवि हैं।

वे जीवन में जीवन की लीलाएँ रचने वाले कवि हैं तो गीतों में तिलिस्म रचते हैं।

इतने बड़े लेखक के होने में ईश्वर की प्रतिभा का ज़रूर हाथ रहा होगा जिसने, गुलज़ार को गाड़ियाँ पेंट करने से लेकर, फ़िल्मी दुनिया का और उर्दू-हिन्दी साहित्य का बड़ा लेखक बना दिया।

गुलज़ार मुम्बई जा पहुँचे। शुरुआती दिन थे। ऐक्सीडेंटल गाड़ियों की रिपेयरिंग के बाद उनको बिल्कुल सही पेंट करना होता था। यह काम गुलज़ार को दिया जाता था। गैराज का नाम था 'विचारे मोटर्स'। गुलज़ार वहाँ काम करते और काम के बाद, साखी होटल से, चार आने में दो पाव, दो कबाब और एक पोदीने का गुच्छा मिलता था, ले आते थे।

गुलज़ार जब नौजवान थे, प्रगतिशील लेखक संघ की बैठकों में जाया करते थे।

गुलज़ार को बचपन के दिन बेहद याद आते हैं। सरहद के उस पार का बचपन! झेलम ज़िले के दीना (अब पाकिस्तान में) की वो गलियाँ, जो उनके होने का वजूद, उस मिट्टी से तय करती थीं, सब याद हैं उन्हें।

माँ सुजान कौर और पिता सरदार माखन सिंह कालरा का दुलारा 'पुन्नी'! सम्पूरन सिंह कालरा! हमारे गुलज़ार सा'ब!

तब उनकी उम्र आठ साल थी और वह साल 1942 था जब पाकिस्तान का दीना छूटा।

वह बच्चा जो दीना में छूट गया, वो बच्चा दिल्ली में जवान हुआ। इसके बावजूद गुलज़ार दीना (क़स्बा पाकिस्तान में था) को कभी नहीं भूले।

मुम्बई में जो प्रगतिशील लेखकों की निशस्त होती थी गुलज़ार भी वहाँ शिरकत करते थे। अपनी नज़्में भी सुनाते थे। 'हमवतन' नज़्म उन्होंने उस दौर में लिखी। नज़्म की ये पक्तियाँ –

आँखों को वीजा नहीं लगता
सपनों की सरहद होती नहीं

बन्द आँखों से रोज़ मैं सरहद पार चला जाता हूँ
मिलने मेहदी हसन से!

गुलज़ार स्मृतियों के शायर हैं। वे रिश्तों के टूट जाने की वेदना के शायर हैं। वो गुज़िश्त वक़्त के आतिशदान की बुझ चुकी राख में, इश्क़ की आँच तलाश करने के शायर हैं।

एक गीत में वो कहते हैं–

दिनप ख़ाली-ख़ाली बरतन है
और रात है जैसे अँधा कुआँ!

बेहद तन्हा और मुहब्बत में हार चुके प्रेमी के दुख की दायें उनकी नज़्मों/ गीतों में गूढ़ार्थ के साथ व्यक्त होती हैं।

गुलज़ार की एक नज़्म है, 'आओ फिर नज़्म कहें'–

फिर किसी दर्द को सहला के सुजा लें आँखें
फिर किसी दुखती हुई रग से छुआ लें नश्तर
या किसी भूली हुई राह पे मुड़कर इक बार
नाम लेकर किसी हमनाम को आवाज़ ही दे लें

फिर वो कहते हैं–

जीने के लिए सोचा ही नहीं
दर्द सँभालने होंगे।

गुलज़ार ठीक ही कहते हैं। गीत बूढ़े नहीं होते। उनके चेहरे पर झुर्रियाँ नहीं गिरतीं। वो पलते रहते हैं। चलते रहते हैं।

चालीस-पचास साल पहले 'बन्दिनी' फ़िल्म का लिखा उनका एक गीत। गीत में जो शब्द रचना है वह लोकगीत जैसा स्पन्दन पैदा करती है। इसी गीत को जो स्त्री पात्र गा रही है, उसकी एक पंक्ति है–

तोहे राहू लागे बैरी

'राहू लागे'–ऐसे शब्दों का प्रयोग देखा है कहीं?

इसी गीत के आरम्भ की कुछ लाइनें हैं–

मोरा गोरा रंग लइहे/मोहे शाम रंग दइ दे

यहाँ रंगों के बदलने की भोली-सी जो लीला है, वहीं तो प्रेम लीला है।

ऐसे गीतों की पदचाप को सैकड़ों साल बाद भी सुना जा सकता है।

जब वो लिखते हैं–

हज़ार राहें मुड़ के देखीं कहीं से कोई सदा न आई ···

यहाँ मुड़ कर देखना है, धुँधली-सी उम्मीद के साथ और किसी भी आवाज़ का सुनाई न पड़ना–

यह जो व्याकुलता है। उस व्याकुलता की छवि गीत में सुनाई पड़ती है। दिखाई भी पड़ती है।

एक अन्य गीत में भी अकेलेपन की मार्मिक-सी गूँज सुनाई पड़ती है–

कोई होता जिसको अपना हम अपना कह लेते यारो
पास नहीं तो दूर ही होता, लेकिन कोई मेरा अपना

लेकिन! पर जो बात है, जो शर्त है–लेकिन कोई मेरा

अपना! ···पात्र उसी से तो वंचित है।

गुलज़ार को लेकर बहुत सारी बातें विशेष हैं। यहाँ तक कलफ़ चढ़ी उनकी सफ़ेद पोशाक भी। उनकी लोचदार और क़दीमी क़िस्सों को बयान करती उनकी आवाज़ भी।

लेकिन जो विशेष है, वो ये हैं कि गुलज़ार हर साल 14 अगस्त, आज़ादी की पूर्व सन्ध्या पर बाघा बार्डर जाते हैं। जब बारह बजते हैं तो शम्आएँ जलाते हैं।

आनन्द फ़िल्म का यह गीत, जीवन जीने का उल्लास और मस्ती इस गीत में है–

जनम जनम से आँखें बिछायीं तेरे लिए इन राहों ने

आँखें कौन बिछा रहा है, पात्र आँखें नहीं बिछा रहा। आँखें जो बिछा रही हैं, वो राहें हैं।

गुलज़ार की गीत और नज़्म का मिज़ाज और मुहावरा चकित कर देने वाला होता है।

बेकली और मन का अवसाद क्या होता है, उसे इस गीत की पंक्तियों से जाना जा सकता है–

कई चाँद उठकर जलाए-बुझाए
बहुत हमने चाहा ज़रा नींद आए

अब तक ग़ज़ल में या नज़्म में चराग़ जलाये-बुझाये जाते थे। ये गुलज़ार हैं जो चाँद को जलाने-बुझाने की बात करते है। नींद कहाँ चली जाती है? वह क्यों नहीं आती? तमाम रात, जाग-जाग कर चाँद क्यों जलाने-बुझाने पड़ते हैं।

वह एक अन्य कविता में कहते हैं–

मेरे सरहाने जलाओ सपने
मुझे ज़रा-सी तो नींद आए

गुलज़ार की नज़्मों का किरदार कितना बेचैन है। कभी चाँद जलाता-बुझाता है तो कभी सपने!

गुलज़ार की एक सिफ़्त यह भी है कि वो आधुनिकताबोध के कवि हैं। आधुनिक जीवन की दृश्यात्मकता उनकी नज़्मों, गीतों में लक्षित होती है। वह तो है। लेकिन वे लोकगीतकार भी हैं। वह इसलिए सम्भव हो पाया कि बचपन से लेकर जवानी तक, वह वारिसशाह की 'हीर' सुनते रहे। बुल्लेशाह, शाह लतीफ़ के पद सुनते। साधू-फ़क़ीर के डेरों की धूनियों से उन्होंने अपने लोकगीत तत्त्व को पकाया।

उनके एक गीत की कुछ पंक्तियाँ प्रस्तुत हैं–

फिर से आइयो बदरा बिदेसी
तेरे पंखों पे मोती जड़ूँगी
भर के जाइयो हमारी तलैया
मैं तलैया के किनारे मिलूँगी
तुम्हें मेरे काली कमली वाले की सौं!

प्राय : हर सुनने वाले श्रोता और पढ़ने वाले पाठक ने इस गीत को यक़ीनन बार-बार सुना होगा।

गीत क्या है, मौसम है। गीत क्या है मन का पर्यावरण है। गीत क्या है, लोकगीत है। स्त्री पात्र के मन का छवि!

और सौं किसकी? काली कमलीवाले की!

क्या कभी किसी हिन्दी कवि ने ऐसा प्रयोग किया होगा–शायद नहीं।

इसी तरह का एक अन्य गीत है। उपरोक्त गीत में लोकरंजना और लोक की भावभूमि है। लेकिन प्रस्तुत गीत में महानगरीय मंज़र है। प्रेम के होने, न होने की तड़प है और प्रेमिका, प्रेमी से अपना सामान वापिस मांग रही है। सामान क्या है? वह कोई पदार्थ रूप नहीं है।

गीत है–

मेरा कुछ सामान
तुम्हारे पास पड़ा है
सावन के कुछ भीगे-भीगे दिन रखे हैं
और मेरे इक ख़त में लिपटी रात पड़ी–
वो रात बुझा दो
मेरा वो सामान लौटा दो

यहाँ, गीत में शिकवा है। शिकायत है। यहाँ गीत में स्त्री पात्र की कशमकश की ध्वनियाँ हैं।

सम्बन्धों के टूटने की महीन आवाज़ें सुनाई देती हैं।

और सामान!

यही तो हैं वो सामान स्मृतियाँ, प्रेम, अपनत्व, और ख़त, और ख़त में लिपटी रात!

रात बुझा दो। समाप्त कर दो सब!

बानी (मनचन्दा) के शेर का एक मिसरा है–

वो टूटते हुए रिश्तों का हुस्ने-आख़िर था।
हुस्ने-आख़िर इस नज़्म में भी है।

गुलज़ार की नज़्मों में जो शब्द आते हैं, वे गुलज़ार के हो जाते हैं। काली कमली वाले की सौं हो या फिर ख़त में लिपटी रात हो या–मेरा कुछ सामान तुम्हारे पास पड़ा या फिर–हज़ार राहें मुड़ के देखीं।

गुलज़ार पंजाब से आये। दिल्ली के रोशनआरा पार्क के पास रहे। फिर बम्बई चले गये। एक गैराज में काम किया। कारों पर रंगरोगन।

वे कहते हैं–"हिन्दुस्तान की जो महक है, वे आज भी अपनी ख़ुशबू से जकड़े हुए हैं।"

वो (गुलज़ार) कहते हैं, "मेरी नज़्मों में नास्टैलिजया और अपने अतीत को जीने का आयना साफ़-साफ़ नज़र आता है। एक जो सब-कांशस मांइड है, उस पर बचपन की इतनी सारी ख़राशें पड़ी हुई हैं कि उसे छूने से भी डर लगता है। वह है और अपने उसी बचपने को मैं, अपने लिखे हुए में, फिर से दोहराता हूँ और जीता हूँ।"

गुलज़ार रोशनआरा बाग़, सब्ज़ीमण्डी में रहते थे। घण्टाघर उसके अपोज़िट था। वे जवाहरनगर साइकिल सीखने जाते थे।

जब वे कहते हैं कि वे जवाहरनगर (कमला मार्केट के पास) साइकिल सीखने जाते थे—ऐन उस वक़्त वह किसी मासूम किशोर जैसे लग रहे होते हैं।

गुलज़ार बांग्ला साहित्य से हद दर्जे तक जुड़े रहे। यहाँ तक कि फ़िल्मी दुनिया की कई हस्तियाँ उन्हें बंगाली समझती थीं।

वो कहते हैं–"मुझे लगता है कि कहीं न कहीं मेरा माज़ी (अतीत) बंगाल की कहानियों से अटैच्ड है। यह वह भी कहते हैं कि मानवीय रिश्तों के तनाव/कशमकश को सूक्ष्मता से पकड़ने की परम्परा बंगाली लिटरेचर में है।

गुलज़ार उर्दू के महान शायर ग़ालिब के ऐरोगेंस पर कहते हैं, "ग़ालिब में एक बेहद ख़ूबसूरत बात थी, जिसे मैं ऐरोगेंस कहता हूँ, चूँकि वह इगो से थोड़ी-सी ऊँची है और इसलिए वह इगो बहुत कमाल की थी।" (पुस्तक–'गुलज़ार सा'ब', वाणी प्रकाशन; यतीन्द्र मिश्र)

यतीन्द्र मिश्र जी ने गुलज़ार साहब से पूछा–क्या लिखे हुए शब्द बचेंगे? "तो उन्होंने कहा, "यह ज़रूर लगता है कि शब्द बचेंगे और किताबें भी।"

गुलज़ार अपनी गीत-रचना के सिलसिले में कहते हैं, "मैं ख़ुशनसीब हूँ कि मैंने हमेशा अपने दिल और जज़्बात की सुनी और वैसा लिखने की कोशिश की। मेरे लिए सत्तर के दशक में जिस तरह 'आँधी', 'मौसम', 'किनारा' और 'परिचय' के गीत लिखते हुए आनन्द आया है, ठीक उसी तरह, बाद के दशकों में मुझे 'सदमा', 'एक पल', 'मासूम', 'इज़ाज़त' गीत लिखने में कोई दिक्कत नहीं आई।

जब रवीन्द्र कालिया 'नया ज्ञानोदय' सम्पादित कर रहे थे तो वह अपने संपादकीय के बाद, गुलज़ार की नज़्में छापते थे। शीर्षक था–'चप्पा-चप्पा'!

एक बड़ा सम्पादक, एक बड़े अदीब (गुलज़ार) का किस तरह एहतराम करता है यह 'ज्ञानोदय' पढ़ने वाले ज़रूर जानते होंगे।

उसी 'नया ज्ञानोदय' के अंक-जनवरी-2014 से कविता का अंश–

मरीज़े-शब अभी तक हिचकियों पर है
न कोई ज़ख़्म की पट्टी बदलने आया और न ही दवा बदली
तो क्या बदला था कि तारीख़ बदली है, बरस बदला?

एक अन्य कविता की ये पंक्तियाँ–

ख़ाली काग़ज़ पे क्या तलाश करते हो?
एक ख़ामोश-सा जवाब तो है

सामने रोशनी के रख के देखो
सूखे पानी की कुछ लकीरें बहती हैं

न्यूयॉर्क पर कविता के अंश–

तुम्हारे शहर में ऐ दोस्त क्यूँकर
च्यूंटियों के घर नहीं हैं
अगरचे फ़र्श पर चीनी भी डाली
पर कोई च्यूंटी नहीं आई
तुम्हारे शहर में लेकिन
हर इक बिल्डिंग इमारत ख़ूबसूरत है
मगर ऐ दोस्त जाने क्यों
सभी तन्हा-से लगते हैं
तुम्हारे शहर में कुछ रोज़ रह लूँ
तो बड़ा सुनसान लगता है

('नया ज्ञानोदय' जून-2008)

गुलज़ार अपने जीवन, अपने अदबी सफ़र और अपने व्यक्तित्व के मद्देनज़र कहते हैं, "ज़िन्दगी और कला, दोनों में ही, हासिल किया हुआ कम है, छूटा हुआ ज़्यादा है। एक आदमी के जीवन में जो जान लिया गया है, उससे ज़्यादा अनजाना रह जाता है।"

गुलज़ार को जो सम्मान मिले, वे उनके व्यक्तित्व को बुलन्द नहीं करते। व्यक्तित्व तो उनका बहुत ऊँचा है। उन्हें, जय हो गीत के लिए 'ग्रैमी अवॉर्ड' मिला। इसके अलावा 'पद्म भूषण', 'दादा साहब फालके' 'इन्दिरा गांधी राष्ट्रीय एकता पुरस्कार' मिले है।

उन्हे 'फ़िल्मफ़ेयर अवॉर्ड' इतने मिले हैं कि स्वयं उन्हें भी याद न हों।

उनकी फ़िल्में–'मेरे अपने', 'परिचय', 'कोशिश', 'अचानक', 'ख़ुशबू', 'आँधी', 'मौसम', 'किनारा', 'किताब', 'मीरा', 'अंगूर', 'नमकीन', 'इज़ाजत', 'लेकिन', 'माचिस' प्रसिद्ध सीरियल है– मिर्ज़ा ग़ालिब

किताबों की बात करें तो अब तक क़रीब 60 किताबें लिखीं हैं जिनमें गीत, नज़्म, ग़ज़ल, संस्मण, कहानी, पटकथा आदि शामिल हैं।

गुलज़ार का जन्म 18 अगस्त 1934 को हुआ। इस समय वो 89 वर्ष के हैं। सेहतमन्द हैं और निरन्तर गातिशील रहते हैं।

निदा फ़ाज़ली

उर्दू के प्रसिद्ध शायर, फ़िल्म गीतकार और संवाद लेखक निदा फ़ाज़ली का जन्म 12 अक्टूबर 1938 को दिल्ली में हुआ था। कश्मीरी मुस्लिम परिवार में जन्मे निदा फ़ाज़ली का आरम्भिक जीवन ग्वालियर में गुज़रा, जहाँ उन्होंने शिक्षा प्राप्त की। उर्दू में एम.ए. यहीं से किया।

उनके पिता भी एक बहुत प्रसिद्ध उर्दू शायर थे। उनके दो अन्य भाई तस्लीम फ़ाज़ली और सबा फ़ाज़ली भी भारत-पाक के प्रमुख नाम थे। ग्वालियर में रहते हुए उन्होंने उर्दू अदब में अपनी पहचान बनायी और 1960 के दौर के वो एक महत्त्वपूर्ण शायर के रूप में स्थापित हुए। बाद में वे मुम्बई चले गये। पहला संग्रह 'लफ़्ज़ों का पुल' छपते ही उन्हें भारत-पाकिस्तान में जो शोहरत हासिल हुई, ऐसी शोहरत कम लोगों को हासिल होती है।

1965 में भारत के विभाजन के अठारह साल बाद उनके माता-पिता और परिवार के अन्य सदस्य पाकिस्तान चले गये। उन्होंने भारत में ही रहने का फ़ैसला किया। यह घटना तब हुई जब फ़ाज़ली 1964 में ग्वालियर से मुम्बई कमाने के लिए चले गये थे। उनके माता-पिता का यह जाना उनके जीवन में एक युगान्तकारी घटना थी, जिसका दर्द और असर उनके साथ जीवन भर बना रहा।

फ़ाज़ली की दो शादियाँ हुई थीं। उनकी दूसरी पत्नी मालती जोशी हैं, दोनों से एक बेटी है, जिसका नाम तहरीर है।

निदा फ़ाज़ली के लेखन पर रोशनी डालें तो सबसे पहले उनकी युवा अवस्था का वह दृश्य सामने आता है, जब एक दिन वह एक मन्दिर से गुज़र रहे थे, जहाँ एक भजन गायक सूरदास की एक रचना गा रहा था, जिसमें राधा अपने प्रिय कृष्ण से अलग होने पर अपनी दासियों के साथ अपना दुःख साझा कर रही थी। पद की काव्यात्मक सुन्दरता, जो मनुष्यों के बीच घनिष्ठ सम्बन्ध और बन्धन से सम्बन्धित है, ने निदा पर काफ़ी प्रभाव डाला और यहीं से उन्हें लिखने की प्रेरणा मिली।

उस दौर में उन्हें लगा कि उर्दू शायरी में कुछ सीमाएँ हैं। उन्होंने अपनी मनचाही बात कहने के लिए मीर और ग़ालिब के सार को आत्मसात् किया। वे मीरा, सुर और कबीर की गीतात्मक शैली से बहुत प्रभावित हुए और उन्होंने टीएस इलियट, गोगोल और एंटोन चेख़व का अध्ययन करके कविता के बारे में अपने ज्ञान को समृद्ध किया।

वे जब 1964 में नौकरी की तलाश में मुम्बई चले गये थे तो उस वक़्त अपने कैरियर के शुरुआती दिनों में उन्होंने 'धर्मयुग' और 'ब्लिट्ज़' में लिखा। उसी दौरान उनकी काव्य-शैली ने फ़िल्म निर्माताओं और हिन्दी-उर्दू साहित्य के लेखकों का ध्यान आकर्षित किया। उन्हें अक्सर मुशायरों में आमन्त्रित किया जाने लगा। वे अपनी कविता को सरल बनाने के लिए अलंकृत फ़ारसी भाषा, कल्पना और मिश्रित शब्दों से बचते थे। यही कारण कि अपनी सुन्दर प्रस्तुति और ग़ज़लों, दोहों और नज़्मों में बोलचाल के प्रयोग के लिए वे ताउम्र पाठकों और ग़ज़ल गायकों के बीच विशेष रूप से जाने जाते रहे जिसकी एक बानगी हम यहाँ देख सकते हैं—*दुनिया जिसे कहते हैं जादू का खिलौना है/मिल जाये तो मिट्टी है खो जाये तो सोना है।*

निदा फ़ाज़ली के अन्य काव्य-विशेषताओं को गहराई से जानना-समझना हो तो प्रसिद्ध लेखक शानी की इस टिप्पणी के ज़रिये और ज़्यादा सटीक और सार्थक तरीक़े से एक मिसाल के तौर पर देख सकते हैं—

मैं रोया परदेश में भीगा माँ का प्यार/दुख ने दुख से बात की, बिन चिट्ठी बिन तार। या *बहनें चिड़िया धूप की, दूर गगन में आएँ/हर आँगन मेहमान-सी, पकड़ो तो उड़ जायें।*

ये निदा फ़ाज़ली हैं—उर्दू की जदीद शायरी का एक बहुत अहम् नाम जिनके ज़िक्र के बग़ैर उर्दू की नयी शायरी का कोई भी तजकिरा अधूरा होगा या कोई भी तनकीदी मजमून एकतरफ़ा होकर अपना तवाजुन खो देगा। ग़ज़ल की जान हो या ज़बान, सोच हो या शिल्प, छब-ढब हो, रख-रखाव हो या सारा रचनात्मक रचाव—अपने मिज़ाज, तेवर और रूप में रचनाकर निदा फ़ाज़ली बिल्कुल अकेले ही दिखाई देते हैं। कुछ मायने में तो वे उर्दू के उन बिरले जदीद शायरों में से हैं जिन्होंने न सिर्फ़ विभाजन की तकलीफ़ें देखीं और सही हैं बल्कि बहुत बेलाग ढंग से उसे वो ज़बान दी है जो इससे पहले लगभग गूँगी थी। देश और परिवारों का बँटवारा, दंगे-फ़साद और साम्प्रदायिक जुनून को जिस निस्संग और मानवीय धरातल से निदा फ़ाज़ली ने देखा, वह एक हस्सास शायर ही कर सकता था। यह पारदर्शी एहसास उनकी ग़ज़लों, नज़्मों और गीतों में ही नहीं, दोहों तक में मिल जायेगा जिनमें वह अपने भारतीय होने की शिनाख़्त को खोने नहीं देते। मिसाल के लिए ऊपर के दो दोहों

को ही ले लीजिए। ये हमारी सांस्कृतिक विरासत से रची-बसी भारतीय कविताएँ हैं जिनकी जड़ें सिर्फ़ इसी ज़मीन में हैं। ख़ासकर दूसरे दोहे में एक बिल्कुल नयी इमेज के ज़रिये जिस नाज़ुक एहसास को निदा फ़ाज़ली ने गिरफ़्त में लिया, उसकी शेरी कैफ़ियत एक हल्के से जर्ब के साथ हमें बेपनाह कर्ब से भर देती है और कोई भी अच्छी कविता सिर्फ़ यही करती है।

उर्दू की नई शायरी की सबसे बड़ी और पहली शिनाख़्त यह है कि उसने फ़ारसी की अलामतों से अपना पीछा छुड़ाकर अपने आसपास को देखा, अपने इर्दगिर्द की आवाज़ें सुनीं और अपनी ही ज़मीन से उखड़ती जड़ों को फिर से जगह देकर मीर, मीराजी, अख़्तरुल ईमान, जाँ निसार अख़्तर जैसे कवियों से अपना नया नाता जोड़ा। उसने ग़ालिब का बेदार ज़हन, मीर की सादालौही और जाँ निसार अख़्तर की बेराहरवी ली और बिल्कुल अपनी आवाज़ में अपने ही वक़्त की इबारत लिखी-ऐसी इबारत, जिसमें आने वाले वक़्तों की धमक तक सुनाई देती है। यह संयोग की बात नहीं है कि उर्दू के कुछ जदीद शायरों ने तो हिन्दी और उर्दू की दीवार ही ढहाकर रख दी और ऐसे जदीदियों में निदा फ़ाज़ली का नाम सबसे पहले लिया जायेगा।

इस तरह हम देखते हैं कि निदा फ़ाज़ली विभिन्न मनोदशाओं के कवि हैं और उनके लिए रचनात्मक भावना और आन्तरिक प्रेरणा कविता के स्रोत हैं। जैसा कि उनका मानना भी है कि कवि की भावना एक कलाकार के समान होती है–एक चित्रकार या संगीतकार की तरह। इसके विपरीत उन्हें गीत-लेखन एक यान्त्रिक कार्य लगता था क्योंकि उन्हें पटकथा और निर्देशक की माँगों को पूरा करना होता था। बाद में उन्होंने पैसे की व्यावहारिक आवश्यकता को स्वीकार किया जो गीत-लेखन से आता है और रचनात्मक कार्य पर विचार करने में मदद करता है।

उन्होंने 1969 में उर्दू कविता का अपना पहला संग्रह प्रकाशित किया। बचपन की कल्पना उनकी कविता में उदासीनता के तत्त्वों के रूप में लगातार परिलक्षित होती है। उनकी कविता में चलने वाले प्राथमिक विषय जीवन में विरोधाभास, उद्देश्य की खोज, मानवीय रिश्तों की बारीकियाँ, अभ्यास और उपदेश के बीच अन्तर और जो खो गया है उसे टटोलना है।

उन्होंने अपनी पुस्तक 'मुलाक़ातें' में साठ के दशक के समकालीन कवियों की आलोचना करते हुए निबन्ध लिखे, जिससे साहिर लुधियानवी, अली सरदार जाफरी और कैफ़ी आज़मी जैसे कवियों में नाराज़गी थी। परिणामस्वरूप, उन्हें कुछ काव्य-आयोजनों में बहिष्कार किया गया। उनके करियर में सुधार तब हुआ जब एक फ़िल्म निर्माता कमाल अमरोही ने उनसे सम्पर्क किया। फ़िल्म 'रजिया सुल्तान' (1983) पर काम कर रहे मूल गीतकार जाँ निसार अख़्तर की परियोजना पूरी होने से

पहले ही मृत्यु हो गयी, तब निदा ने अन्तिम दो गीत लिखे और अन्य हिन्दी फ़िल्म निर्माताओं को आकर्षित किया।

उनके गीत 'आप तो ऐसे न थे', 'इस रात की सुबह नहीं', 'गुड़िया' आदि कई फ़िल्मों में भी इस्तेमाल किये गये, जो काफ़ी लोकप्रिय हुए। 'तेरा हिज्र मेरा नसीब है, तेरा ग़म मेरी हयात है', 'आई ज़ंजीर की झंकार, ख़ुदा ख़ैर करे' (रजिया सुल्ताना); 'होशवालों को ख़बर क्या, बेख़ुदी क्या चीज़ है' (सरफ़रोश); 'कभी किसी को मुकम्मल जहाँ नहीं मिलता', 'तू इस तरह से मेरी ज़िन्दगी में शामिल है' (आहिस्ता-आहिस्ता); 'चुप तुम रहो, चुप हम रहें' (इस रात की सुबह नहीं); 'दुनिया जिसे कहते हैं, मिट्टी का खिलौना है', 'मैं रोया परदेस में भीगा माँ का प्यार', 'हर तरफ़ हर जगह बेशुमार आदमी', 'अपना ग़म लेके कहीं और न जाया जाये' जैसे अनेक चर्चित गीत-ग़ज़ल फ़िल्मों आदि के लिए लिखे। उन्होंने 'सैलाब', 'नीम का पेड़', 'जाने क्या बात हुई' और 'ज्योति' जैसे टीवी धारावाहिकों के शीर्षक गीत लिखे। उनकी 'कोई अकेला कहाँ' कविता कृष्णमूर्ति द्वारा गायी गयी एक और लोकप्रिय रचना है। उनकी ग़ज़लें, गीत और दोहे प्रसिद्ध गायकों द्वारा गाये जाते रहे हैं। उन्होंने 1994 में जगजीत सिंह के साथ मिलकर 'इनसाइट' नाम से एक एल्बम निकाला, जिसे इसकी भावपूर्ण कविता और संगीत के लिए सराहना मिली। वे 2003 में सर्वश्रेष्ठ गीतकार के लिए 'स्टार स्क्रीन अवार्ड' से सम्मानित किये गये।

निदा फ़ाज़ली भारत के विभाजन से असहमत थे, इसलिए वे साम्प्रदायिक दंगों, राजनेताओं और कट्टरवाद के ख़िलाफ़ ताउम्र आवाज़ उठाते रहे। 1992 के दंगों के दौरान सुरक्षा चिन्ताओं के कारण उन्हें अपने दोस्त के घर में शरण लेनी पड़ी थी। यही कारण है कि साम्प्रदायिक सद्भावना पर लेखन के लिए उन्हें 'राष्ट्रीय सद्भावना पुरस्कार' से सम्मानित किया गया था। वे मध्य प्रदेश सरकार द्वारा अपने आत्मकथात्मक उपन्यास 'दीवारों के बीच' के लिए 'मीर तक़ी मीर पुरस्कार' से तो 'खोया हुआ सा कुछ' के लिए 'साहित्य अकादेमी पुरस्कार' से सम्मानित किये गये। वे भारत सरकार द्वारा 'पद्मश्री' से भी सम्मानित किये गये थे।

'लफ़्ज़ों के पुल', 'मोर नाच', 'आँख और ख़्वाब के दरमियाँ', 'खोया हुआ सा कुछ', 'आँखों भर आकाश', 'सफ़र में धूप तो होगी' उनकी शायरी की पुस्तकें हैं। 'मुलाक़ातें', 'सफ़र में धूप तो होगी', 'तमाशा मेरे आगे' उनकी संस्मरणों की तो 'दीवारों के बीच' और 'दीवारों के बाहर' उनकी आत्मकथा की पुस्तकें हैं। उन्होंने कुछ पुस्तकों का सम्पादन भी किया जिनमें 'बशीर बद्र : नयी ग़ज़ल का एक नाम', 'जाँ निसार अख़्तर : एक जवान मौत', 'दाग़ देहलवी : ग़ज़ल का एक स्कूल',

'मुहम्मद अलवी : शब्दों का चित्रकार', 'जिगर मुरादाबादी : मुहब्बतों का शायर' आदि प्रमुख हैं।

फ़ाज़ली का 8 फरवरी 2016 को दिल का दौरा पड़ने से निधन हो गया। अपनी मृत्यु से कुछ समय पहले उन्होंने विभिन्न समकालीन मुद्दों और साहित्य पर बीबीसी हिन्दी वेबसाइट के लिए कॉलम लिखे थे। ग़ालिब और मीर की रचनाओं का वे अक्सर उल्लेख करते थे।

सुप्रसिद्ध ग़ज़ल गायक

ये ग़ज़ल गायक हैं, जिन्होंने अपनी मुतरन्निम आवाज़ से ग़ज़ल जैसी सिनफ़ में आकर्षक पैदा किया और अपनी गायकी से ऊँचाई प्रदान की।

मोहम्मद रफ़ी

मोहम्मद रफ़ी का जन्म 24 दिसम्बर 1924 को कोटला सुल्तान सिंह (पंजाब) में हुआ। उनकी मृत्यु 31 जुलाई 1980 को मुम्बई में हुई।

मोहम्मद रफ़ी के संगीत शिक्षक, उस्ताद अब्दुल वाहिद ख़ान तथा पण्डित जीवन लाल मटटू और फ़िरोज़ निज़ामी थे।

ऐसा कहा जाता है कि एक नाई की दूकान पर एक फ़क़ीर रोज़ पहुँचते। वहाँ बैठकर वो ख़ूब गाते। उनके चले जाने के बाद, मोहम्मद रफ़ी जो उन दिनों किशोर अवस्था में थे, नाई की दूकान पर जाते और उस फ़क़ीर जैसा गाने की कोशिश करते। उसी फ़क़ीर ने मोहम्मद रफ़ी को गाने की प्रेरणा दी।

मोहम्मद रफ़ी को आवाज़ का जादूगर कहा जाता है। दुनिया उन्हें शंहनाह-ए-तरन्नुम के रूप में याद करती है। हिन्दी सिनेमा के वे चहेते गायक थे। उनकी आवाज़ में एक ख़ास तरह का मीठापन था जैसे सौ मीठे झरनों का पानी उनकी आवाज़ में समा गया हो। वो भारतीय उपमहाद्वीप के महानतम गायकों में से एक थे। उनकी आवाज़ की रेंज तो अद्‌भुत थी ही, रफ़ी साहब का यह गुण भी उत्कर्ष कि वे ग़ज़ल, भजन, कव्वाली, ठुमरी तथा अन्य भाषाओं में भी बहुत कुशलता से गा सकते थे।

मोहम्मद रफ़ी को छह 'फ़िल्म फेयर अवार्ड' तथा एक 'राष्ट्रीय फ़िल्म पुरस्कार' मिला। 1967 में उन्हें 'पद्‌मश्री सम्मान' से सम्मानित किया गया।

मोहम्मद रफ़ी स्वभाव से विनम्र और लबो-लहजे से दोस्ताना मिज़ाजवाले थे।

उन्होंने 1940 से 1980 तक पाँच हज़ार गाने गाये। अपने जीवनकाल में सात हज़ार गाने गाये। उन्होंने कई गाने बिना पैसे लिये या बहुत कम पैसे लेकर भी गाए।

हिन्दी के अलावा, कोंकणी, असमिया, भोजपुरी, ओड़िया, बांग्ला, मराठी तथा सिंधी में भी गाने गाये।

मोहम्मद रफ़ी ने शास्त्रीय संगीत आधरित अनेक भजन और ग़ज़लें गायीं। नौशाद के संगीत निर्देशन में उन्होंने अनेक अमर भजनों को मुतरन्निम आवाज़ दी।

- 'इन्साफ़ का मन्दिर है ये, भगवान का घर है'
- 'तू गंगा की मौज मैं जमुना का धारा...'
- 'राधिके तूने बंसरी चुराई...'
- 'सुख के सब साथी दुख में न कोई...'
- 'ओ दुनिया के रखवाले...'
- 'बड़ी देर भई नन्दलाला...'
- 'मन रे तू काहे न धीर धरे...'

मोहम्मद रफ़ी ने भजन ग़ज़ल, क़व्वाली, शबद नआत तथा शास्त्रीय गीत गाये।

जहाँ तक ग़ज़ल गायिकी का प्रश्न है तो उन्होंने बहुत सारी फ़िल्मी और ग़ैर-फ़िल्मी ग़ज़लें गायीं।

यह कहना कठिन है कि उनकी आवाज़ भजनों के लिए श्रेष्ठ थी या ग़ज़लों के लिए, दुख-भरे गीतों के लिए या चुहल पैदा करते उत्सवधर्णी गीतों के लिए।

रफ़ी साहब की आवाज़ हर क्षेत्र में, गायन के हर ख़ित्ते में अपना प्रभाव पैदा करती थी।

उन्होंने जो ग़ज़लें गायी उन्हें आज भी सुना जाता है। सराहा जाता है।

मोहम्मद रफ़ी की गायी हुई फ़िल्मी/ग़ैर-फ़िल्मी ग़ज़लें, मौसीकी की दुनिया में सरमाय की तरह हैं।

उनकी गायी हुई कुछ ग़ज़लें–

कभी ख़ुद पे कभी हालात पे रोना आया
बात निकली तो हर एक बात पे रोना आया

* * *

हम बेख़ुदी में तुमको पुकारे चले गये
सागर में ज़िन्दगी को उतारे चले गये

* * *

रंग और नूर की बरसात किसे पेश करूँ
ये मुरादों की हँसी रात किसे पेश करूँ

* * *

न किसी की आँख का नूर हूँ न किसी के दिल का क़रार हूँ
जो किसी के काम न आ सके मैं वो एक मुश्ते-ग़ुबा हूँ

* * *

उनके ख़्याल आए तो आते चले गये
दीवाना ज़िन्दगी को बनाते चले गये

* * *

दूर रहकर न करो बात करीब आ जाओ
याद रह जायेगी ये रात क़रीब आ जाओ

* * *

कोई सागर दिल को बहलाता नहीं
बेख़ुदी में भी क़रार आता नहीं

* * *

तू इस तरह से मेरी ज़िन्दगी में शामिल है
जहाँ भी जाऊँ ये लगता है तेरी महफ़िल है

31 जुलाई 1980 को महान गायक मोहम्मद रफ़ी का हृदयगति रुकने से देहान्त हुआ।

जगजीत सिंह

जगजीत की आवाज़ रेशमी आवाज़ थी। उनका जन्म 8 फरवरी, 1941 को श्रीगंगानगर में तथा मृत्यु 10 अक्तूबर 2011 को मुम्बई में हुई।

जगजीत सिंह बेहद लोकप्रिय गायकों में शुमार किये जाते हैं। उन्हें ग़ज़ल किंग कहा जाता था।

उनका पहले नाम जगजीवन सिंह था। बाद में उन्होंने इसे जगजीत सिंह कर लिया।

उनकी पढ़ाई जालन्धर में हुई। अपने कैरियर की शुरुआत, उन्होंने ऑल इंडिया रेडियों मे गाने से की।

उनके उस्ताद, शुरुआती शिक्षक पण्डित छगन लाल शर्मा तथा उस्ताद जमाल ख़ान थे।

1965 में जगजीत सिंह अपने परिवार को बताये बिना मुम्बई आ गये। बहुत संघर्षों के बाद, हिन्दी सिनेमा में गाने का अवसर मिला।

उन्हीं दिनों उनकी मुलाक़ात, चित्रा दत्ता से हुई। चित्रा दत्ता शादीशुदा थीं। दोनों एक दूसरे को पसन्द करने लगे। 1969 में चित्रा दत्ता ने अपने पति को तलाक़ दे दिया और जगजीत सिंह से शादी कर ली। आरम्भ में, दोनों एक साथ कंसर्ट करते थे और बहुत सारे एलबम भी साथ-साथ आये।

1980 तक आते-आते जगजीत ने ग़ज़ल गायकी में अपना उच्च स्थान अर्जित कर लिया था। उस दौर में उनके कई एलबम आये, कई फ़िल्मों में भी उनके गायन की चर्चा होने लगी। ख़ासतौर से–*तुम इतना जो मुस्करा रहे हो/क्या ग़म है जिसको छुपा रहे हो।*

उनका एकमात्र पुत्र विवेक था। बीस साल की उम्र में, एक सड़क दुर्घटना में उसकी मौत हो गयी। दोनों, पति-पत्नी ग़म में इतना डूबे कि गाना बन्द हो गया।

लेकिन धीरे-धीरे उन्होंने संगीत की दुनिया में फिर वापसी की लेकिन चित्रा सिंह उनकी पत्नी ने फिर कभी न गाया।

भारत सरकार की तरफ़ से उन्हें वर्ष 2003 में 'पद्म भूषण सम्मान' से सम्मानित किया गया।

'द अनफ़ॉरगेटेबल' के दौर में जगजीत सिंह ने जो ग़ज़लें गायीं, बहुत लोकप्रिय हुईं। ख़ासतौर से 'बात निकलेगी तो फिर दूर तलक जायेगी'। इस बीच पंजाबी एलबम–'बिरहा दा सुलतान' और उसके बाद ग़ज़लों की 'माइल स्टोन' ने बाज़ार में नये रिकार्ड स्थापित किये।

खुशवंत सिंह ने जगजीत सिंह के बारे में लिखा–"वो मेहदी हसन से बेहतर गाते हैं और दिलीप कुमार से बेहतर दिखते हैं।"

'प्रेमगीत', 'साथ-साथ' और 'अर्थ' जैसी फ़िल्मों की ग़ज़ल गायकी ने जगजीत सिंह को बुलंदी प्रदान की।

उन्होंने 'मिर्ज़ा ग़ालिब' तथा 'कहकशाँ' धारावाहिकों के लिए संगीत तैयार किया।

ग़ालिब की ग़ज़लें पहले भी पढ़ी-सुनी जाती थीं, लेकिन 'मिर्ज़ा ग़ालिब' सीरियल में जगजीत सिंह की आवाज़ ने जो विस्मयकारी आकर्षण पैदा किया, वो हर तरह से बेमिसाल है।

जगजीत सिंह को संगीत के क्षेत्र में डीलिट की उपाधि प्रदान की गयी। वे संगीत नाटक अकादमी और ग़ालिब अकादमी द्वारा सम्मानित तो किये ही गये, मध्यप्रदेश सरकार द्वारा 'लता मंगेशकर पुरस्कार' भी प्रदान कि गया।

उनके द्वारा गायी गयी कुछ बहुत प्रसिद्ध ग़ज़लें–

तुम इतना जो मुस्करा रहे हो
क्या ग़म है जिसको छुपा रहे हो

* * *

–*कैफ़ी आजमी*

हज़ारों ख़्वाहिशें ऐसी कि हर ख़्वाहिश पे दम निकले
बहुत निकले मेरे अरमान लेकिन फिर भी कम निकले

* * *

–ग़ालिब

कल चौदहवीं की रात थी शब भर रहा चर्चा तेरा
कुछ ने कहा ये चाँद है कुछ ने कहा चेहरा तेरा

* * *

–इब्ने इंशा

ये तेरा घर ये मेरा घर किसी को देखना हो गर
तो पहले आके माँग ले मेरी नज़र तेरी नज़र

* * *

—जावेद अख़्तर

कोई ये कैसे बताये कि वो तन्हा क्यूँ है
वो जो अपना था वही और किसी का क्यूँ है

* * *

दिल-ए-नादाँ तुझे हुआ क्या है
आख़िर इस दर्द की दवा क्या है

* * *

—ग़ालिब

जगजीत सिंह ने ग़ज़लों के अतिरिक्त भजन और शबद भी बहुत महीन, मुलायम और सिल्की आवाज़ में गाये।

वो अब इस संसार में नहीं हैं। लेकिन उनकी ग़ज़लों की मधुर आवाज़, हमारे आसपास अब भी गूँजती रहती है।

अनूप जलोटा

प्रसिद्ध भजन और ग़ज़ल गायक अनूप जलोटा का जन्म 29 जुलाई 1953 को नैनीताल में हुआ।

अनूप जलोटा एक ऐसे भारतीय गायक और संगीतकार हैं, जिन्हें अपनी अनूठी भजन-शैली के लिए जाना जाता है। उन्हें भारत सरकार ने 2012 में 'पद्मश्री' से सम्मानित किया था।

उनके पिता पुरुषोत्तम दास जलोटा भी अपने समय के प्रसिद्ध भजन नायक थे।

उनका मीराँ पर गाया गया भजन–'ऐसी लागी लगन...' बेहद प्रसिद्ध है।

'गणेश चालीसा' को भी उन्होंने बड़े भक्तिभाव से गाया है।

इन भजनों के अतिरिक्त अनूप जलोटा ने कुछ ग़ज़लें भी गायी हैं–जिनमें प्रमुख हैं–

- 'जब तुमने ग़ज़ल सुनायी...'
- 'दिल लगाने की बात करते हो...'
- 'ये न थी हमारी क़िस्मत कि विसाल-ए-यार होता...'
- 'तेरे लव को हँसने की आदत न होती...'
- 'दिल-ए-नादाँ तुझे हुआ क्या है...'
- 'हज़ार आँधियाँ आयीं...'
- 'कोई सबब ज़रूर था...'

इनके कुछ प्रमुख भजन हैं–

- 'आरती श्रीकृष्ण कन्हैया की...'
- 'भक्ति न जाने पूजा न जाने...'
- 'ओम् जय गणपति देवा...'
- 'जगजननी जय जय...'

- ‘जय जय गणपति...’
- ‘ठुमक चलत रामचन्द्र...’
- ‘मैं नहीं माखन खायो...’
- ‘जग में सुन्दर हैं दो नाम...’
- ‘चदरिया झीनी रे झीनी...’

अनूप जलोटा पंजाब के शाम चौरीसी घराने से ताल्लुक़ रखते हैं।

पंकज उधास

पंकज उधास का जन्म 17 मई 1951 को जेतपुर, नवागढ़ में हुआ और उनकी मृत्यु 26 फ़रवरी 2024 को मुम्बई में हुई।

पंकज उधास ने ख़ूब ग़ज़लें गायीं। लेकिन उनको प्रसिद्धी 'चिट्ठी आयी है, आयी है चिट्ठी आयी है', फ़िल्मी गीत से मिली।

वर्ष 2006 में पंकज उधास को 'पद्मश्री' से सम्मानित किया गया।

फ़िल्म इंडस्ट्री में उनकी गायकी का आरम्भ 1972 से हुआ।

उन्होंने फ़रीदा नामक महिला से, बहुत विरोध के बावजूद, प्रेम विवाह किया और सफल जीवन जिया।

उनकी गायी हुई कुछ प्रसिद्ध ग़ज़लें तथा नज़्में हैं–

- 'चिट्ठी आयी है आयी है चिट्ठी आयी है...'
- 'चाँदी जैसा रंग तेरा सोने जैसे बाल...'
- 'एक तरफ़ उसका घर एक तरफ़ मयकदा...'
- 'थोड़ी-थोड़ी पिया करो...'
- 'साया बनकर साथ चलेंगे...'
- 'छुपाना भी नहीं आता...'

पंकज उधास के बड़े भाई निर्मल उधास और मनहर उधास भी प्रसिद्ध गायक हैं।

भूपिन्दर सिंह

भूपिन्दर सिंह का जन्म 1939, पटियाला में हुआ। उनकी मृत्यु 18 जुलाई 2022 को 83 वर्ष की आयु में हुई।

भूपिन्दर सिंह गायक तो थे ही, बहुत अच्छा गिटार भी बजाते थे। उनकी पत्नी मिताली सिंह भी ग़ज़ल गायिका रही हैं।

भूपिन्दर द्वारा गायी गयी कुछ श्रेष्ठ और लोकप्रिय ग़ज़लें है–

बुत बने बैठे हैं कुछ बात बनाते भी नहीं
और ये गुस्सा कि मैं रूठूँ तो मनाते भी नहीं

* * *

–अमीर मीनाई

किसी नज़र को तेरा इन्तज़ार आज भी है
कहाँ हो तुम कि ये दिल बेक़रार आज भी है

* * *

–हसन कमाल

करोगे याद तो हर बात यादर आयेगी
गुज़रते वक़्त की हर मौज ठहर जायेगी

* * *

–बशर नवाज़

हुए नामवर बे-नियाँ कैसे-कैसे
ज़मीं खा गई आसमाँ कैसे-कैसे

* * *

–अमीर मीनाई

भूपिन्दर सिंह की गहरी, लोच-भरी और भारी आवाज़ एकदम मिल थी। 'हक़ीक़त' फ़िल्म की एक नज़्म की कुछ पंक्तियाँ उन्होंने गायी और वे चर्चा में आ गये।

'दिल ढूँढ़ता है फिर वहीं फुरसत के रात दिन'...ग़ज़ल को उन्होंने ऐसे गाया जैसे सचमुच वे कुछ ढूँढ़ रहे हों।

हरिहरन

3 अप्रैल 1955 को मुम्बई में जन्मे हरिहरन भारतीय पार्श्व गायक, भजन गायक के साथ-साथ एक ग़ज़ल गायक भी हैं। हिन्दी फिल्मों के कई मशहूर गीत उन्होंने गाये हैं। 2004 में उन्हें 'पद्मश्री' से सम्मानित किया गया।

अपने करियर की शुरुआत में हरिहरन ने कई कॉन्सर्ट किये और टीवी पर भी प्रदर्शन किया। उन्होंने कई टीवी धारावाहिकों (जैसे, 'जुनून') के लिए गाया। 1977 में, उन्हें संगीत निर्देशक जयदेव द्वारा उनकी हिन्दी फ़िल्म 'गमन' (1978) में गाने के लिए अनुबन्धित किया गया था।

हरिहरन ने 1992 में नवोदित संगीत निर्देशक ए.आर. रहमान के साथ तमिल फिल्मों की दुनिया में प्रवेश किया। यह मणिरत्नम की फ़िल्म 'रोजा' थी। 1998 में, हरिहरन ने अनु मलिक द्वारा संगीतबद्ध हिन्दी फ़िल्म 'बॉर्डर' के गीत 'मेरे दुश्मन मेरे भाई' के लिए सर्वश्रेष्ठ पाश्र्व गायक का 'राष्ट्रीय पुरस्कार' जीता। हरिहरन को 'जोगवा' के मराठी गीत 'जीव रंगला' के लिए एक और 'राष्ट्रीय पुरस्कार' मिला जिसे वर्ष 2009 में अजय अतुल ने बनाया था।

हरिहरन ने गाये भक्ति एल्बम भी काफ़ी लोकप्रिय हुए हैं, जिनमें कुछ प्रमुख हैं–'हनुमान चालीसा', 'रामधुनी', 'हे शम्भु बाबा मेरे भोलेनाथ' आदि।

हरिहरन ग़ज़ल गायक और संगीतकार भी हैं जिनके तीस से अधिक एल्बम हैं। शुरुआती करियर में, उनकी कई सफल ग़ज़ल एल्बम जारी हुए जिनमें से अधिकांशत को उन्होंने स्वयं संगीत दिया। हरिहरन की पहली ग़ज़ल एल्बम में से एक थी 'आशा-ए-ग़ज़ल', जिसमें आशा भोसले उनके साथ थीं। एक और उत्कृष्ट ग़ज़ल एल्बम 'गुलफ़ाम' थी। उनके द्वारा अन्य प्रमुख ग़ज़ल एल्बम हैं-'हाज़िर', 'जश्न', 'हल्का नशा', 'पैग़ाम', 'काश', 'लाहौर के रंग हरि के संग' आदि। उनकी लाइव कॉन्सर्ट रिकॉर्डिंग में 'हरिहरन इन कॉन्सर्ट', 'सप्तऋषि' और 'स्वर उत्सव' सफल रहीं। हरिहरन तबला वादक ज़ाकिर हुसैन के साथ अपने एल्बम 'हाज़िर' में काम कर चुके हैं।

प्रसिद्ध विदेशी ग़ज़ल गायक

बेगम अख़्तर

बेगम अख़्तर के नाम से प्रसिद्ध, अख़्तरी बाई फ़ैज़ाबादी भारत की प्रसिद्ध गायिका थीं, जिन्होंने ग़ज़ल, ठुमरी, दादरा में महारत हासिल की।

बेगम अख़्तर का जन्म 7 अक्टूबर 1914 को और मृत्यु 30 अक्टूबर 1974 को हुई।

उन्हें भारत सरकार ने पहले 'पद्मश्री' तथा उनकी मृत्यु के बाद 1975 में 'पद्म भूषण' से सम्मानित किया गया।

उन्हें 'मलिका-ए-ग़ज़ल' के ख़िताब से भी नवाज़ा गया।

बेगम अख़्तर ने ग़ज़ल गायकी को नया आयाम दिया। उनकी आवाज़ में दर्द, तड़प और करुणा के तत्त्वों की मौजूदगी ने आकर्षण पैदा किया।

उनकी कर्मभूमि मुम्बई, लखनऊ जैसे शहर रहे।

उन्होंने नाटकों में काम किया और शोहरत हासिल की। अमीना, रोटी, दानापानी तथा 'जलसाघर' उनकी प्रमुख फ़िल्में थीं।

उन्होंने फ़िल्मों में भी काम किया। 'जवानी का नशा', 'नसीब का चक्कर' तथा 'अमीना' फ़िल्मों में अभिनय किया।

इश्तिआक अहमद अब्बासी, जो पेशे से वकील थे, से बेगम अख़्तर का निकाह हुआ और अख़्तरी बाई फ़ैज़ाबादी से बेगम अख़्तर बन गयीं।

बेगम अख़्तर की गायी गयी कुछ अमर ग़ज़लें–

- 'उलटी हो गयीं सब तदबीरें कुछ न दवा ने काम किया'

  –मीर तक़ी मीर

- 'वो जो हममें तुममें था तुम्हें याद हो कि न याद हो'

  –मोमिन

- 'ये न थी हमारी क़िस्मत के विसाले यार होता'

–ग़ालिब

- 'मेरे हमनफ़स मेरे हमनवा, मुझे दोस्त बनके दग़ा न दे'

–शकील बदायूनी

- 'कुछ तो दुनिया की इनायत ने भरम तोड़ दिया'

–सुदर्शन फ़ाकिर

- 'दीवाना बनाना है तो दीवाना बना दे...'

–बहज़ाद लखनवी

- 'इश्क़ में ग़ैरत-ए-जज़्बात ने रोने न दिया'

–सुदर्शन फ़ाकिर

तमाम बड़े गायक जो इस दुनिया से विदा हो गये। वे अब हमारे बीच नहीं हैं। लेकिन उनकी गायन-शैली, शास्त्रीयता, उनकी आवाज़ का जादू, हमारे आसपास अब भी मौजूद है। उनमें से एक हैं–मलिका-ए-ग़ज़ल यानी बेगम अख़्तर !

ग़ुलाम अली

पाकिस्तान के प्रसिद्ध ग़ज़ल गायक गुलाम अली का जन्म 1940 में सियालकोट के पास हुआ। सियालकोट अब पाकिस्तान में है। वे हिन्दुस्तानी शास्त्रीय संगीत और पटियाला घराने के जाने माने ग़ज़ल गायक थे।

उन्होंने उस्ताद बड़े ग़ुलाम अली ख़ान साहब से संगीत की तालीम हासिल की।

ग़ुलाब अली को हिन्दुस्तान में चाहने वालों की संख्या लाखों में है। वे निरन्तर भारत आते थे और अपना कार्यक्रम प्रस्तुत करते थे।

उन्होंने जो ग़ज़लें गायीं, ख़ूब गायीं। ऐसा प्रतीत होता है जैसे गायक ग़ुलाम अली का जन्म ग़ज़ल गाने के लिए ही हुआ। उनकी आवाज़ की कशिश और ग़ज़लों का चयन, उन्हें उच्चता प्रदान करता रहा। वे ग़ज़ल विद्वानों के ही नहीं मध्यमवर्गीय लोगों में भी मक़बूल रहे।

उनकी गायी गयी कुछ बेहद प्रसिद्ध ग़ज़लें हैं–

- 'चुपके-चुपके रात-दिन आँसू बहाना याद है'
- 'हम तेरे शहर में आए है मुसाफ़िर की तरह', 'कल चौदहवीं की रात थी, शब भर रहा चर्चा तेरा', 'अपनी धुन में रहता हूँ', 'मैं भी तेरे जैसा हूँ'
- 'उसने कहा तू कौन है, मैंने कहा आवारगी','हंगामा है क्यों बरपा', 'चमकते चाँद को टूटा हुआ तारा बना डाला', 'दिल धड़कने का सबब याद आया', 'दिल में इक लहर-सी उठी है अभी'

इनके अतिरिक्त उन्होंने हीर (वारिस शाह) को बड़े मार्मिक अन्दाज़ में गाया है।

'ग़ज़ल विज़ार्ड–ग़ुलाम अली' शीर्षक से ग़ुलाम अली के जीवनवृत्त को दो भारतीय लेखकों मवेश सेठ तथा साधना नेनुरिका ने क़लमबद्ध किया है।

नूरजहाँ

पाकिस्तान की प्रसिद्ध गायिका नूरजहाँ का जन्म 21 सितम्बर 1926 को कसूर, पाकिस्तान में हुआ। उनकी मृत्यु 23 दिसम्बर 2000 को कराची, पाकिस्तान में हुई।

नूरजहाँ ने अपनी दिलकश आवाज़ और प्रभावशाली अभिनय से चार दशकों तक श्रोताओं और दर्शकों के दिलों पर राज किया।

वे फ़िल्म अभिनेत्री थीं। साथ ही वे गायिका थीं और फ़िल्म निर्माता भी थीं।

उनकी गायी हुई कुछ प्रसिद्ध ग़ज़लें हैं–

'दिल धड़कने का सबब याद', 'वो तेरी याद भी अब याद आया'

–नासिर काज़मी

'आशियाने की बात करते हो', 'दिल जलाने की बात करते हो'

'कभी किताबों में फूल रखना', 'कभी दरख़्तों पे नाम लिखना'

'हमें भी याद है आज तक वो नज़र से हर्फ़-ए-सलाम लिखना'

'आवाज़ दे कहाँ है दुनिया मेरी जवाँ है',

'आबाद मेरे दिल में उम्मीद का जहाँ है'

नूरजहाँ ने उर्दू, हिन्दी, पंजाबी तथा सिन्धी में भी गीत गाये हैं। उन्होंने कुछ युद्ध गीत भी गाये।

उन्हें क्वीन ऑफ़ मेलोडी कहा गया।

एक बार मुम्बई में नूरजहाँ के गायन का कार्यक्रम था। दिलीप कुमार सदारत कर रहे थे। वहाँ कहा गया—"जैसे एक चाँद है। एक सूरज है। वैसे ही एक नूरजहाँ हैं।"